Ernährungs-Doc
Dr. Jörn Klasen

ENDLICH WIEDER IM GLEICHGEWICHT BEI HASHIMOTO

Unter Mitarbeit von Bettina Snowdon und
mit Rezepten von Martina Kittler

INHALT

Die Icons im Rezeptteil

- Vegan
- Vegetarisch
- Eiweißreich
- Laktosefrei
- Low Carb
- Glutenfrei

VORWORT

Liebe Leserinnen und Leser,

die Schilddrüse ist zwar eines der kleinsten Organe in unserem Körper, doch wenn sie erkrankt, kann das weitreichende Folgen für die Gesundheit haben – so wie bei der Hashimoto-Thyreoiditis. Die chronische Entzündung zerstört nicht nur nach und nach das Drüsengewebe des „Schmetterlingsorgans". Wenn sie sich im Körper ausbreitet, können neben dem Hormonhaushalt noch andere Organe und auch die Psyche in Mitleidenschaft gezogen werden. Schnell gerät so der ganze Mensch aus der Balance!

Das Tückische an Hashimoto-Thyreoiditis: Viele Betroffene wissen gar nichts von ihrer Erkrankung. Und wenn die Diagnose endlich gestellt wurde, ist zur Behandlung mehr nötig, als nur die fehlenden Schilddrüsenhormone zu ersetzen. Denn die Ursache für die Krankheit ist nicht etwa in der Schilddrüse selbst zu finden, sondern in einem fehlgeleiteten Immunsystem. Hashimoto gehört zu den häufigsten Autoimmunerkrankungen überhaupt.

Die Hormontherapie ist das eine. Als Arzt für innere Medizin, anthroposophische Medizin und Naturheilkunde gehe ich die Behandlung der Hashimoto-Thyreoiditis aber von verschiedenen Seiten an. Einige sehr hilfreiche Methoden möchte ich Ihnen in diesem Buch vorstellen. Und weil sich die Schilddrüsenhormone stark auf unser psychisches Befinden auswirken, mitunter so sehr, dass die Schilddrüse sogar als „Sitz der Seele" bezeichnet wird, darf der Blick hier nicht nur auf dem rein Körperlichen liegen. Deshalb finden Sie neben naturheilkundlichen Verfahren auch Tipps, Methoden und Übungen für Ihr seelisches Gleichgewicht und Ihre innere Harmonie.

Was viele nicht wissen: Was wir essen, hat ebenfalls einen entscheidenden Einfluss auf den Krankheitsverlauf. Vor allem die mediterrane Ernährung, die aufgrund ihrer antientzündlichen Wirkung als eine der gesündesten der Welt gilt, ist für Hashimoto-Betroffene ideal. Wichtig ist es außerdem, mit den richtigen Lebensmitteln das Darmmikrobiom zu stärken, schließlich sitzt im Darm ein Großteil unseres Immunsystems. Damit Sie Ihre Ernährung leicht in Richtung gesund umstellen können, zeigen Ihnen mehr als 50 Rezepte, wie Sie die einfachen Regeln genussvoll und ohne großen Aufwand im Alltag umsetzen können.

Alle Anregungen in diesem Buch sollen Ihnen helfen, mit der hochkomplexen Erkrankung Hashimoto-Thyreoiditis umzugehen. Ich möchte Ihnen Mut machen, auch einmal (vielleicht noch) unbekannte Wege zu beschreiten, um neue Energie zu gewinnen und beschwerdefrei zu werden. Denn auch wenn die Autoimmunerkrankung bis heute nicht heilbar ist, kann Ihnen eine ganzheitliche Behandlung ein gutes Leben ohne Einschränkungen ermöglichen!

Ich wünsche Ihnen alles Gute!

AUF EINEN BLICK

HASHIMOTO-THYREOIDITIS – WAS IST DAS?

Wie entsteht Hashimoto und wie erkenne ich die Erkrankung? Bin ich gefährdet? Werde ich wieder ganz gesund und wie lässt sich Hashimoto behandeln? Die wichtigsten Fakten hier zunächst im Überblick:

Es beginnt meist schleichend, mit Schwäche, Abgeschlagenheit und Konzentrationsstörungen. Gelegentlich aber auch mit genau den gegenteiligen, jedoch ebenso unspezifischen Symptomen wie Nervosität, Reizbarkeit und Schlafstörungen. Kurz gesagt: mit harmlos wirkenden Anzeichen, die wahrscheinlich jeder kennt. Weil all diese Symptome einerseits wenig besorgniserregend sind und andererseits genauso gut Begleiterscheinungen sehr vieler Erkrankungen sein könnten, bleibt die Hashimoto-Thyreoiditis anfangs oft unerkannt.

HASHIMOTO ERKENNEN

Weil es meist sehr plausible Erklärungen für die Beschwerden gibt, die noch dazu oft schon fast „normalen" Erscheinungen unserer heutigen Lebensweise gleichen – mal wieder viel zu wenig geschlafen, dazu der Stress bei der Arbeit und in der Familie und vom Sofa kommt man auch viel zu selten hoch –, suchen die wenigsten Betroffenen gleich einen Arzt auf. Warum auch, wenn man sich „nur" müde und ausgelaugt, hibbelig oder zittrig fühlt? Der Verdacht, dass hinter all dem vielleicht eine ernsthafte Erkrankung stecken könnte, kommt meist erst später auf – dann, wenn sich die für eine Schilddrüsenunterfunktion typischen Symptome zeigen: Man friert leicht, Herz und Puls werden schwächer. Obwohl man kaum Appetit hat, nimmt man zu, Gewicht zu verlieren, ist nahezu unmöglich. Das ist dann auch der Moment, an dem man spätestens eine Ärztin oder einen Arzt aufsuchen sollte.

VERBREITETER, ALS MAN DENKT

Auch wenn bei Hashimoto die Schilddrüse betroffen ist, verursacht das kleine Organ die Krankheit nicht. Vielmehr ist das Immunsystem für sie verantwortlich. Denn Hashimoto ist eine Autoimmunerkrankung, bei der das eigene Immunsystem die Zellen der Schilddrüse nach und nach zerstört und so eine Schilddrüsenunterfunktion verursacht. Schilddrüsenerkrankungen sind allgemein sehr weit verbreitet, jeder dritte Deutsche ist mittlerweile davon betroffen.

Hashimoto gilt dabei als die häufigste Ursache für eine Schilddrüsenunterfunktion, die Erkrankung gehört zu den verbreitetsten Autoimmunerkrankungen im Erwachsenenalter überhaupt. Fünf bis zehn Prozent der Bevölkerung sind allein hierzulande betroffen, so schätzt man.

Woher stammt der Name „Hashimoto"?

Die Erkrankung ist nach dem japanischen Arzt Dr. Hakaru Hashimoto (1881–1934) benannt. Als Medizinstudent beschrieb er 1912 in seiner Doktorarbeit erstmals das Aussehen des entzündeten Schilddrüsengewebes unter dem Mikroskop. Er vermutete, dass es „einen Faktor geben muss, der die Expansion lymphatischer Zellen stimuliert, aber zum derzeitigen Zeitpunkt noch unbekannt ist" und es sich damit um eine eigenständige Krankheit handeln müsse. Mit dieser Entdeckung war er seiner Zeit weit voraus. Erst Mitte des 20. Jahrhunderts wurde seiner Forschung wieder Aufmerksamkeit geschenkt. Im Jahr 1956 entdeckten schließlich die britischen Forscher Deborah Doniach und Ivan Roitt, dass es sich bei Hashimoto um eine Autoimmunkrankheit handelt.

WER IST BETROFFEN?

Das mittlere Alter, in dem die Diagnose Hashimoto gestellt wird, liegt bei 30 bis 50 Jahren; Frauen sind bis zu zehnmal häufiger betroffen als Männer. Dazu passt, dass hormonelle Veränderungen etwa während einer Schwangerschaft oder in den Wechseljahren ein Auslöser für die Erkrankung sein können. Allerdings häuft sich die Erkrankung in den letzten Jahren auch bei deutlich jüngeren Menschen, so wie sich allgemein eine Zunahme an entzündlichen Erkrankungen der Schilddrüse feststellen lässt. Die Gründe dafür liegen im Unklaren, im Verdacht stehen jedoch eine zu hohe Jodaufnahme sowie Umweltfaktoren und negativer Stress.

Was auf jeden Fall feststeht: Es gibt eine genetische Veranlagung. Wer Fälle von Hashimoto in der Familie hat, sollte daher besonders aufmerksam sein. Das Risiko, selbst daran zu erkranken, ist dann nämlich deutlich erhöht. In den letzten Jahren ist ein weiterer Faktor hinzugekommen, der die Gefahr, eine Autoimmunkrankheit zu entwickeln, signifikant ansteigen lässt: das Coronavirus. Eine Studie konnte nachweisen, dass das Risiko für Hashimoto oder andere Autoimmunerkrankungen als Spätfolge einer Covid-19-Erkrankung um 43 Prozent zunimmt.

WIE BEHANDELN?

Zuerst die schlechte Nachricht: Autoimmunkrankheiten sind bis heute nicht heilbar. Wer unter einer von ihnen leidet, wird die Erkrankung an sich nicht mehr los. Zum Glück gibt es aber auch eine wirklich gute Nachricht: Eine ganzheitliche Behandlung von Hashimoto zeigt so positive Ergebnisse, dass die Betroffenen ein ganz normales Leben führen können, frei von jedwelchen Symptomen. Zur Behandlung gehört dabei nicht nur die Einnahme von Schilddrüsenhormonen, die die fehlende körpereigene Produktion ausgleichen sollen. Auch Änderungen im Lebensstil sind wichtig. Nicht zuletzt ist die richtige Ernährung ein entscheidender Faktor bei der Bekämpfung von Entzündungen im Körper – wobei bei der Ernährungsumstellung natürlich auch mögliche Begleiterkrankungen wie etwa eine Zöliakie mitberücksichtigt werden müssen.

Auf einfache, natürliche Weise behandelt, können Sie trotz Hashimoto neue Kraft, innere Balance und Lebensfreude gewinnen!

DIE SCHILDDRÜSE: KLEINES ORGAN, GROSSER EINFLUSS

Klein, aber oho: Über einen fein austarierten Hormonregelkreislauf sorgt die Schilddrüse dafür, dass all unseren Körperzellen die nötige Energie zur Verfügung steht. Das Powerorgan erfüllt damit eine lebenswichtige Aufgabe in unserem Organismus.

Die daumengroße Schilddrüse hat ein Volumen von lediglich 18 (Frauen) bis 25 Millilitern (Männer) und ist damit ein echtes Leichtgewicht, verglichen mit Organen wie dem Herz, der Leber, der Lunge oder dem Darm. Trotzdem ist sie unter den hormonproduzierenden Drüsen im Körper die größte – und die wichtigste. Denn sie sorgt dafür, dass alle anderen Organe ordnungsgemäß funktionieren können.

In ihrer Form erinnert die Schilddrüse an einen Schmetterling. Sie schmiegt sich unterhalb des Kehlkopfs an die Luftröhre und besteht aus zwei Gewebelappen, die durch eine schmale Brücke miteinander verbunden sind. Die einzelnen Schilddrüsenzellen, Thyreozyten genannt, sind bläschenförmig. Dort werden die Hormone in einer gelartigen Flüssigkeit gelagert, dem sogenannten Kolloid (siehe Grafik rechts). Auf der Rückseite und seitlich der Schilddrüse befinden sich die Nebenschilddrüsen, die andere Aufgaben haben: Ihre vier reiskorngroßen Drüsen produzieren das Parathormon, ein Hormon, das unter anderem den Kalziumstoffwechsel reguliert.

DIE SCHILDDRÜSENHORMONE

Die Aufgabe der Schilddrüse ist – neben dem Speichern von Jod – primär die Produktion von Hormonen, die ihrerseits unter anderem wieder weitere Hormone steuern. Damit ist das kleine Organ im gesamten Stoffwechsel der Chef des Hormongeschehens.

Die Hauptakteure: T3 und T4

Auch wenn man heute weiß, dass die Schilddrüse etwa 30 verschiedene Hormone produziert, sind es im Wesentlichen zwei, die die wichtige Regulierungsfunktion ausüben: das Triiodthyronin (T3) und das Tetraiodthyronin, auch Thyroxin genannt (T4). Beide sind nahezu baugleich, mit dem kleinen Unterschied, dass T4 vier und T3 drei Jodatome besitzt, wodurch sich auch die „Nummerierung" erklärt. Die Hormone werden direkt in der Schilddrüse gebildet. Im Blut sind sie in freier Form als fT3 und fT4 messbar.

T4 kommt zwar etwa 40-mal häufiger in der Schilddrüse vor als T3, hat aber eine viel schwächere und langsamere Wirkung als dieses. Als weitgehend inaktive Form gilt es somit eher als Reservoir. Um die aktive Form zu erhalten, wird T4 in Darm und Leber transportiert, wo ihm ein Jodatom abgespalten wird. Als T3 gelangt es dann über das Blut zu seinem Wirkungsort, kann dort über einen Rezeptor andocken und wie ein Postbote eine Nachricht im Briefkasten hinterlassen. Die Botschaft: Die Zelle soll Energie bereitstellen.

i

Ein wichtiges Element: Jod

Ein zentrales Element für die Schilddrüsenhormone ist das Spurenelement Jod. T3 und T4 bestehen jeweils aus der Aminosäure Tyrosin sowie drei Jodatomen bei T3 und vier Jodatomen bei T4. Unsere Schilddrüse kann auf Jod also nicht verzichten. Sie erhält es über die Nahrung, wo es in verschiedenen Lebensmitteln vorkommt. Ob und wie viel Jod bei Hashimoto angemessen ist, lesen Sie auf Seite 55.

AUFBAU UND LAGE DER SCHILDDRÜSE

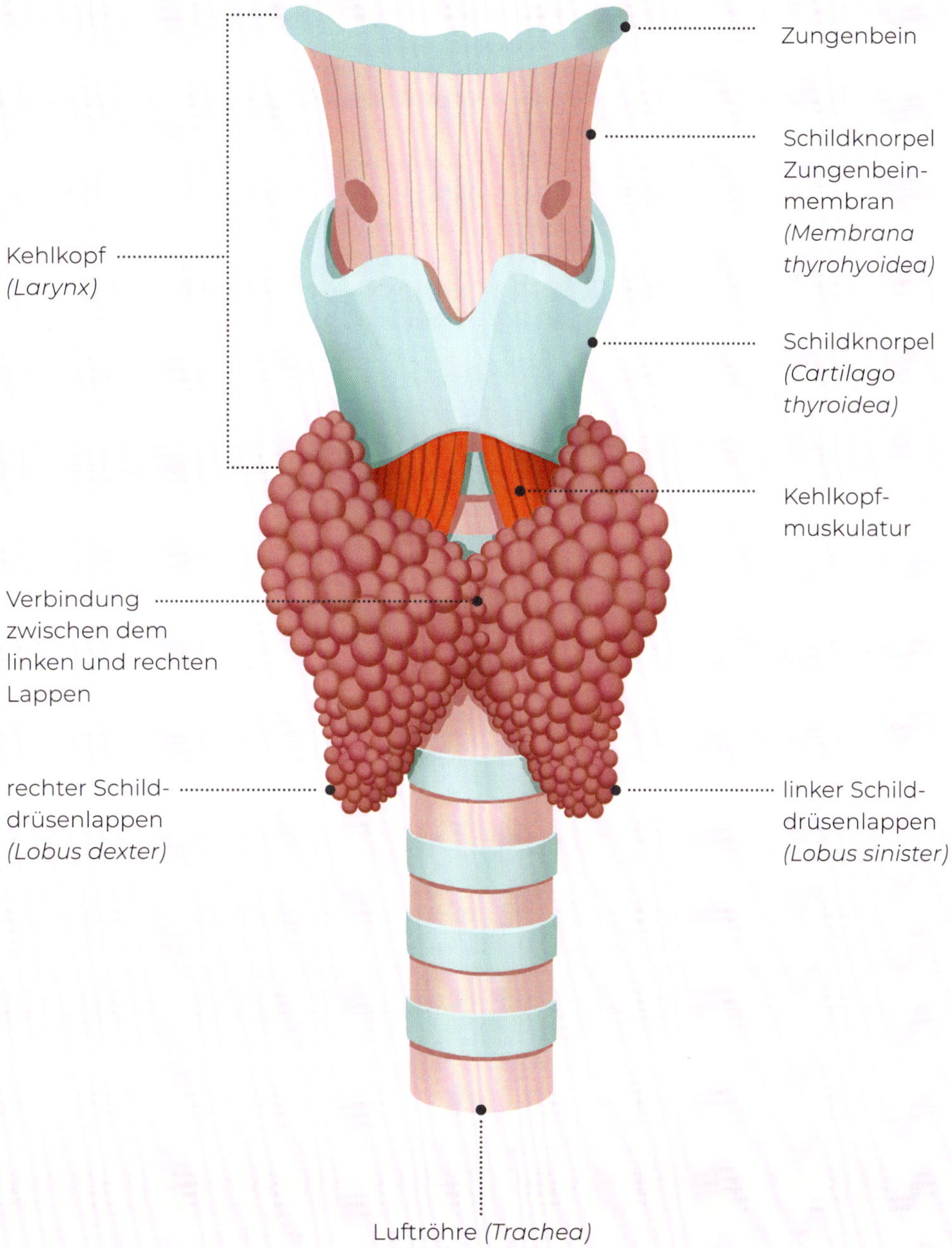

Das Steuerungssystem: TSH und TRH

Die beiden Hormone T3 und T4 werden nicht willkürlich ausgeschüttet, sonst würde das reinste Hormonchaos herrschen. Wann sie produziert werden und ins Blut gelangen, muss vielmehr durch eine kleine Hormonkaskade sehr genau gesteuert werden.

Wie aber weiß der Körper, wie viel T3 er gerade braucht? Zum einen melden unzählige Sensoren kontinuierlich den aktuellen Stand von Körperfunktionen wie Magenfüllung, Körpertemperatur, Blutzuckerspiegel etc. Zusätzlich sorgt ein Hormon aus der Hypophyse (Hirnanhangsdrüse), das Thyreoidea stimulierende Hormon (TSH), dafür, dass genau die Menge an Hormonen in den Blutkreislauf geschickt wird, die für die optimale Versorgung nötig ist.

Ohne den Anstoß des TSH würde die Schilddrüse keine Hormone produzieren. Doch auch das TSH hat quasi einen „Vorgesetzten". Es wird von einem übergeordneten Hormon, dem TRH (Thyreotropin-Releasing-Hormon) aus dem Hypothalamus (einem Teil des Zwischenhirns), kontrolliert. TRH überprüft ständig den Hormonstatus im Blut und gibt erst dann ein Signal zur Ausschüttung von TSH weiter, wenn dieser zu niedrig ist (siehe Grafik unten).

Das ausgeschüttete TSH regt die Produktion von T3 und T4 an, sobald mehr davon nötig ist. Ist dagegen zu viel davon im Blut, kommt das bremsende Signal von den Hormonen selbst. Die „Postboten" erkennen also selbstständig, wenn sie überhandnehmen. In diesem Fall hemmen sie die Produktion von TSH, wodurch dann wiederum ihre eigene Produktion in der Schilddrüse gedrosselt wird. TSH, TRH, T3 und T4 arbeiten also über eine sehr fein austarierte negative Rückkopplung, die – vorausgesetzt, die Schilddrüse ist gesund – dafür sorgt, dass der Hormonspiegel im Blut durchweg konstant bleibt.

DER REGELKREIS DER SCHILDDRÜSENHORMONE

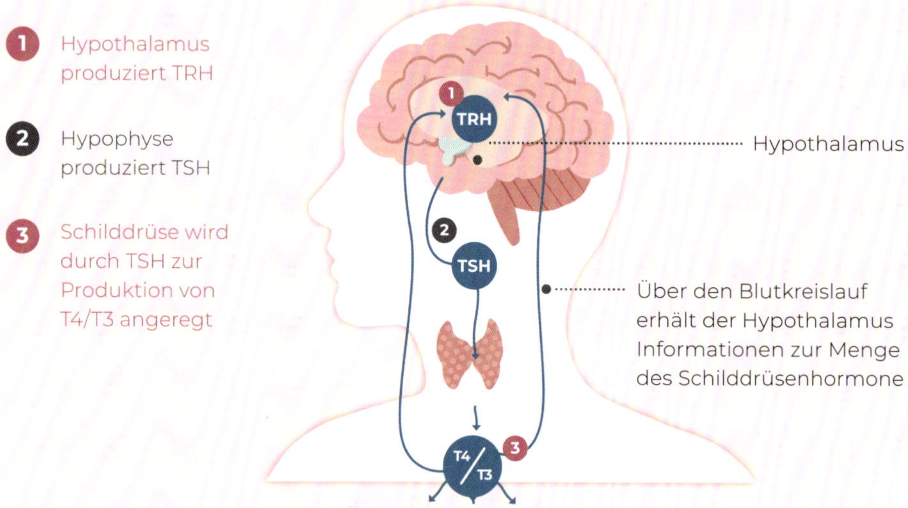

Bei einem Mangel an den Schilddrüsenhormonen T3 und T4 setzt die Hypophyse das Hormon TSH frei, das die Bildung von T3 und T4 anregt. Der Impuls dazu kommt von der Hirnanhangsdrüse (Hypothalamus).

Was sind Hormone überhaupt?

Hormone sind biochemische Botenstoffe des Körpers, also tatsächlich so etwas wie Postboten. Sie werden in spezifischen Zellen gebildet und über das Blut an die Zellen ihres Wirkungsorts transportiert. Dort docken sie nach dem Schlüssel-Schloss-Prinzip an die Zellmembran an und geben ihre Information an sie weiter. Hormone übermitteln meist Signale zur Aktivierung: So erhöht beispielsweise das „Stresshormon“ Adrenalin den Blutdruck und fördert Aktivität; Cortisol und Testosteron sind Wachmacher-Hormone und Insulin sorgt dafür, dass Energie in Form von Zucker (Glukose) in die Zellen gelangt.

Und was machen die Schilddrüsenhormone?

Fast jede Zelle des Körpers besitzt Rezeptoren für Schilddrüsenhormone. Das heißt, dass diese Hormone nahezu überall andocken können – und dort auch gebraucht werden. Sie sorgen dafür, dass die Zelle Energie bereitstellt, und steigern dadurch unter anderem den Herzrhythmus, die Körpertemperatur sowie den Abbau von Fetten und gespeicherten Kohlenhydraten, sie fördern das Wachstum und die Hirnreifung. Kurzum: Sie sind an nahezu allem beteiligt, was im Körper vor sich geht, und maßgeblich dafür verantwortlich, dass unser Organismus wie am Schnürchen läuft. Und eben weil die Schilddrüse so eine grandiose Multitaskerin ist, sind auch die Symptome so vielfältig, wenn das Powerorgan in irgendeiner Weise seiner Funktion gestört ist.

Wie Hormondrüsen zusammenarbeiten

Vor allem die drei Hormondrüsen – Schilddrüse, Geschlechtsdrüsen und Nebennieren – regulieren sich gegenseitig. Dabei nimmt die Schilddrüse eine Art Leitdrüsenstatus ein. Das heißt: Schwächelt die Schilddrüse, wirkt sich das auch auf die anderen beiden Hormondrüsen aus.

In den weiblichen Geschlechtsdrüsen, den Eierstöcken, werden Östrogen und Progesteron gebildet. Frauen mit unerfülltem Kinderwunsch sollten daher immer auch ihre Schilddrüse untersuchen lassen. Ebenso wird bei Männern im Falle eines Schilddrüsenhormonmangels in den Hoden nicht mehr ausreichend Testosteron gebildet. Die Schilddrüse kann zudem die Libido bei Mann und Frau hemmen.

Die Nebennieren produzieren gleich zwei Hormongruppen: Aus ihrem Mark stammen die Stresshormone Adrenalin und Noradrenalin, die kurzfristig viel Energie zur Verfügung stellen. Ein Mangel hat den Verlust von Energie zur Folge. In den Nebennierenrinden werden in kleinen Mengen Sexualhormone (z. B. Androgene) gebildet. Zudem entstehen dort auch Hormone, die den Salz- und Wasserhaushalt regulieren, sowie Steroidhormone (z. B. Cortisol).

Wie die Schilddrüse die Seele beeinflusst

Schilddrüsenhormone haben auf fast alle Organfunktionen einen Einfluss – sogar auf unser Seelenleben, denn sie regulieren auch den Hirnstoffwechsel. Mitunter wird die Schilddrüse deshalb als „der Sitz der Seele“ bezeichnet. Bei Stimmungstiefs bis hin zu Depressionen oder bei innerer Unruhe sollte man daher auch immer an ein Ungleichgewicht der Schilddrüsenhormone denken.

Steckbrief: Die Schilddrüse ...

- schmiegt sich schmetterlingsförmig unter dem Kehlkopf an die Luftröhre
- wiegt 20 bis 60 Gramm
- hat ein Volumen von 18 bis 25 Milliliter
- ist das größte hormonproduzierende Organ
- produziert die Hormone Triiodthyronin (T3) und Tetraiodthyronin (Tyroxin, T4)
- hält mit ihren Hormonen die Stoffwechselbilanz des Körpers aufrecht
- braucht Jod aus der Nahrung zur Hormonsynthese
- hat einen Leitdrüsenstatus für andere Hormone aus den Geschlechtsdrüsen und den Nebennieren

ÜBER- UND UNTERFUNKTION: WENN DIE SCHILDDRÜSE NICHT MEHR MITSPIELT

Wenn das kleine Organ auf einmal nicht mehr so kann, wie es soll, kommt es zu schwerwiegenden Folgen. Denn weil Schilddrüsenhormone auf nahezu alle Zellen einwirken, gerät bei einem Ungleichgewicht der ganze Organismus aus dem Lot.

Um noch einmal auf unser Postbotenbeispiel zurückzukommen: Gibt die Schilddrüse bei einer Überfunktion zu viele Hormone ins Blut ab, kommt es zu einem regelrechten Run von „Zustellern" auf die „Briefkästen" der Zellen. Dementsprechend werden diese mit Aktivierungsinformationen überschüttet. Das Ergebnis: eine Reizüberflutung, die die Zellen dazu zwingt, alles zu geben – und zwar auch dann, wenn dies gar nicht notwendig wäre.

Im anderen Fall, also bei einer Schilddrüsenunterfunktion, wird der Briefkasten wegen chronischen „Personalmangels" dagegen nur sehr mäßig gefüllt. Weil die Zellen dadurch zu wenig Aktivierungsanreiz erhalten, laufen alle Funktionen im Sparmodus ab. Da bei einer Hashimoto-Thyreoiditis anfangs auch eine Überfunktion vorliegen kann, soll diese Symptomatik zuerst unter die Lupe genommen werden.

TURBO AUFGEDREHT: SCHILDDRÜSENÜBERFUNKTION

An einer Schilddrüsenüberfunktion (Hyperthyreose) leidet etwa einer von 100 Menschen, sie ist also relativ häufig. Meist wird eine Hyperthyreose durch die Basedow'sche Krankheit bzw. Morbus Basedow ausgelöst – eine Autoimmunkrankheit. Frauen sind fünf- bis zehnmal häufiger betroffen als Männer. Die Krankheit bricht dabei in den meisten Fällen zwischen dem 20. und 50. Lebensjahr aus.

▷ Typische Symptome

Ist die Schilddrüse überaktiv, sind alle Stoffwechselfunktionen beschleunigt. Der Motor läuft quasi permanent auf Hochtouren, alle Prozesse werden im Schnellverfahren abgewickelt. Deshalb ist ein beschleunigter Puls mit starkem Herzklopfen typisch. Wer unter einer Schilddrüsenüberfunktion leidet, gehört zu den hibbeligen und fahrigen Zeitgenossen, die selten stillsitzen können und wegen ihrer zittrigen Hände kaum zu feinmotorischen Bewegungen in der Lage sind. Auf der anderen Seite können aber auch Müdigkeit und Schwäche Folgeerscheinungen des überreizten Systems sein.

Die Betroffenen können sich schlecht konzentrieren, sich nicht sehr lange mit einer Sache beschäftigen, sind oft sehr hager bzw. dünn und regelrecht aufgeheizt. Sie schwitzen selbst bei kühlen Temperaturen schnell und haben eine feuchtwarme Haut. Zyklusstörungen und Verlust der Libido kommen ebenfalls vor. Typisch Typisch bei der Basedow'schen Krankheit sind zudem die hervorquellenden Augäpfel.

Menschen mit einer Hyperthyreose müssen außerdem öfter Wasser lassen als normal. Auch das Essen „rutscht nur so durch sie hindurch", weshalb sie nicht zunehmen können. Sie haben häufiger Stuhlgang und leiden oft unter Durchfall. Meist verlieren sie sogar dann an Gewicht, wenn sie viel essen – und das tun sie gerne, weil sie oft unter Heißhunger leiden. All diese Symptome sind deutlich als Energieüberschuss zu erkennen – kein Wunder, denn die Schilddrüse beeinflusst Kreislauf, Stoffwechsel und Wachstum. Da das psychische Wohlbefinden ebenfalls von ihrer Funktion abhängt, kann es zu psychotischen Zeichen und örtlicher sowie zeitlicher Desorientierung kommen. Übernervosität und Schlaflosigkeit sind verbreitet.

SYMPTOME BEI ÜBER- UND UNTERFUNKTION DER SCHILDDRÜSE

	Hypothyreose *Schilddrüsen<u>unter</u>funktion*	Hyperthyreose *Schilddrüsen<u>über</u>funktion*
Haare	trocken, stumpf, strohig	Haarausfall
Psyche	Müdigkeit, Gedächtnis-/ Konzentrationsschwäche, Antriebslosigkeit, Depression	Unruhe, Reizbarkeit, Nervosität, Aggressivität, Schlafstörung
Augen	trocken	glänzend, Lichtempfindlichkeit, hervortretende Augen *(periorbitales Myxödem)*
Kreislauf	langsamer Puls, niedriger Blutdruck	schneller Puls, Rhytmusstörung, hoher Blutdruck
Nägel	hart, brüchig	weich, brüchig
Haut	trocken	feucht, warm
Sexualität	verminderte Libido und Fruchtbarkeit, Potenzschwäche	Zyklusstörungen, Fehlgeburten
Stoffwechsel	Gewichtszunahme, Kälteempfindung, Appetitlosigkeit	Schwitzen, Wärmeintoleranz, gesteigerter Appetit
Muskulatur	Muskelschwäche	Muskelschwäche

BREMSE ANGEZOGEN: SCHILDDRÜSENUNTERFUNKTION

Die Unterfunktion der Schilddrüse (Hypothyreose) ist eine der häufigsten hormonellen Erkrankungen überhaupt. Etwa fünf von 100 Menschen leiden allein hierzulande darunter. Meist entwickelt sich die Unterfunktion erst im Lauf des Lebens, nur jedes 3000. bis 4000. Kind wird bereits mit ihr geboren. Das Risiko zu erkranken, steigt mit dem Alter, Frauen sind dabei wieder häufiger betroffen als Männer.

▷ Typische Symptome

Wie sich eine Schilddrüsenunterfunktion auswirkt, kann man sich gut vorstellen: Es werden weniger Hormone gebildet als nötig. Im Wesentlichen sind die Symptome genau gegensätzlich zu denen einer Hyperthyreose. Wo eine Überfunktion Nervosität und Schlaflosigkeit verursacht, macht die Unterfunktion umgekehrt müde, träge, antriebs- und teilnahmslos. Wo bei einer Hyperthyreose Anspannung und Hibbeligkeit auffallen, haben Menschen mit Unterfunktion verlangsamte Reflexe. Sie nehmen auch schnell und teilweise extrem zu, obwohl sie nur wenig Appetit haben und nicht viel essen. Es fällt ihnen trotz aller Anstrengungen und Diätversuche schwer abzunehmen. Während Hyperthyreotiker eine feuchtwarme Haut haben, ist sie bei Hypothyreotikern kühl, blass, rau und trocken. Und was die Verdauung betrifft, ist die Neigung zu chronischer Verstopfung ebenfalls genau das Gegenteil von den Symptomen einer Schilddrüsenüberfunktion.

ZU VIEL ODER ZU WENIG?

Was zu einer Über- oder Unterfunktion der Schilddrüse führt, ist klar: Im Fall der Überfunktion sind zu viele „Postboten" unterwegs, im Fall der Unterfunktion macht sich ein „Fachkräftemangel" bemerkbar. Verursacht bei einer Überfunktion also ein Überschuss an Hormonen die beschriebenen Symptome, so fehlt es im Fall der Unterfunktion daran. Die Frage ist nur: Wie kommt es dazu?

▷ Mögliche Ursachen einer Überfunktion

Die weitaus häufigste Ursache für eine Überfunktion ist im Immunsystem zu finden. Bei der Basedow'schen Krankheit setzt eine Fehlfunktion des Immunsystems den Anreiz für die vermehrte Hormonbildung. Ein weiterer Grund findet sich im Hormonsteuerungssystem. Liegt eine sogenannte Schilddrüsenautonomie vor, reagiert das System nicht mehr auf die Steuerungshormone aus der Hypophyse und bildet eigenmächtig Hormone. Auch eine Entzündung der Schilddrüse selbst kann vorübergehend einen gesteigerten Hormonausstoß bewirken.

▷ Mögliche Ursachen einer Unterfunktion

Jodmangel ist zwar verantwortlich für eine endemische Struma (vergrößerte Schilddrüse) und den Kretinismus (angeborene Schilddrüsenstörung), aber nur selten die Ursache für eine Hypothyreose. Erst ein sehr ausgeprägter Jodmangel kann tatsächlich eine Unterfunktion verursachen. Paradoxerweise kann hingegen eine chronische Überversorgung mit Jod zu einer Unterfunktion der Schilddrüse führen. Patienten mit einer Hashimoto-Thyreoiditis sind dafür besonders anfällig und sollten deshalb kein zusätzliches Jod aufnehmen. Aber auch bestimmte Medikamente (z. B. Lithium, Amiodaron oder Sunitinib) können eine Unterfunktion der Schilddrüse hervorrufen.

Zur Unterfunktion kann es auch kommen, wenn nicht genug Schilddrüsengewebe vorhanden ist, um die erforderliche Menge an Hormonen zu produzieren. Relativ häufig ist das durch einen ärztlichen Eingriff bedingt (iatrogen) – etwa durch eine Operation, bei der Gewebe entfernt wurde, oder durch eine gewebezerstörende Strahlentherapie bei der Basedow-Krankheit. In beiden Fällen kann sich die Schilddrüsenfunktion jedoch innerhalb von einigen Monaten wieder erholen.

Auch die medikamentöse Therapie einer Hyperthyreose kann zu einer Unterfunktion führen, ist aber durch eine Anpassung der Medikamente leicht zu beheben. In den meisten Fällen steckt allerdings eine chronisch-entzündliche Erkrankung wie die Autoimmunerkrankung Hashimoto-Thyreoiditis dahinter, wie Sie im Weiteren noch genauer erfahren werden (siehe ab Seite 15).

Eine Unterfunktion stört die Entwicklung des Embryos

Schon von Anfang an, noch während der frühkindlichen Entwicklung im Mutterleib, spielen Schilddrüsenhormone eine entscheidende Rolle. Funktioniert die mütterliche Schilddrüse in dieser wichtigen Phase nicht richtig, weil beispielsweise eine angeborene Unterfunktion vorliegt, hat das weitreichende Folgen für das Kind – von Skelettmissbildungen und Minderwuchs sowie verlangsamten willkürlichen Muskel- und Darmbewegungen über beeinträchtigte Gehirn- und Nervenentwicklung bis zu Sprach- und Hörstörungen. Kurzum: Das ungeborene Kind ist in seiner Entwicklung stark eingeschränkt. Deshalb ist die Bestimmung des Hormonstatus während der Schwangerschaft enorm wichtig. Im Fall einer Unterfunktion kann eine Supplementierung von Schilddrüsenhormonen dringend notwendig werden.

WIE HASHIMOTO ENTSTEHT: WARUM AUSGERECHNET DIE SCHILDDRÜSE?

Ein intaktes Immunsystem sorgt einerseits dafür, dass körperfremde Eiweiße uns nicht schaden, und erkennt andererseits körpereigene Eiweiße, damit sie nicht von uns selbst angegriffen werden. Liegt eine Autoimmunerkrankung wie Hashimoto vor, gelingt diese Unterscheidung nicht mehr. Warum aber ist ausgerechnet die Schilddrüse davon betroffen?

Etwa fünf bis acht Prozent der Weltbevölkerung leiden heute an einer Autoimmunerkrankung. Damit stellen diese Krankheiten nach Herz-Kreislauf- und Tumorerkrankungen die dritthäufigste Krankheitsgruppe dar. Tendenz steigend! Besonders oft kommen Diabetes Typ 1 und Hashimoto vor. Wie kommt es dazu? Das Grundphänomen jeder Autoimmunkrankheit ist die Tatsache, dass das Immunsystem nicht mehr zwischen von außen kommenden Fremd- und Schadstoffen und körpereigenen Substanzen unterscheiden kann. Eine Immunreaktion ist, wie beschrieben, oft mit einer Entzündung verbunden. Die eigentlich sinnvolle Reaktion, durch die das Immunsystem buchstäblich angefeuert wird, um Erreger zu eliminieren, kann dann den betroffenen Organen schaden. Denn im Falle einer Autoimmunkrankheit geht das Immunsystem nicht gegen Fremdeiweiße vor, sondern gegen körpereigene Proteine. Das kann dazu führen, dass Gewebe abstirbt.

HYPOTHESEN, ABER KEINE BEWEISE

Warum macht das Immunsystem das, obwohl es uns doch schützen soll? Man kann darüber nur Vermutungen anstellen, denn die Gründe können vielfältig sein. So wirken beispielsweise zahlreiche Umweltfaktoren wie Kälte, Wärme und Sonneneinstrahlung auf den Verlauf einer Autoimmunkrankheit ein. Erheblich ist zudem der Einfluss der Lebensführung – von der Ernährung über die Bewegung bis zum Umgang mit Stress. Das gilt übrigens auch für seelischen Stress: Das Seelische spielt bei jeder Autoimmunerkrankung eine wichtige Rolle.

Bis heute stehen in der wissenschaftlichen Forschung folgende mögliche Ursachen zur Debatte:

- Bei bestimmten Infektionen besitzen die Krankheitserreger eine starke Ähnlichkeit zu körpereigenen Strukturen. Das kann dazu führen, dass sich die gebildeten Antikörper fälschlicherweise auch gegen eigenes Gewebe richten. Ein Beispiel dafür ist das rheumatische Fieber, bei dem sowohl gegen ein Eiweiß des Erregers (Streptokokken) als auch gegen ein Eiweiß der eigenen Muskulatur (Myosin) kreuzreagiert wird.

- Bestimmte „Superantigene“ (wie das Staphylokokkeneiweiß A) können eine übermäßige Anzahl an B- und T-Lymphozyten aktivieren, die für die eigentliche Abwehr gar nicht benötigt werden. Dieser Überschuss kann sich gegen den eigenen Organismus wenden.

- Wird die Immunantwort nicht durch regulatorische Zellen und Botenstoffe beendet, obwohl der Erreger beseitigt wurde, kann es zu einer überschießenden Immunantwort kommen. Dann werden eigenes Gewebe und eigene Organe geschädigt. Ein Beispiel dafür ist die überschießende Entzündungsreaktion bei Covid-19-Erkrankungen.

- Eine weitere Vermutung stammt aus der anthroposophischen Medizin: Wir erhalten von unseren Eltern und Vorfahren einen Leib vererbt. Diesen „Modell-“ oder auch „Erb-Leib“

müssen wir in den ersten Lebensjahren zu unserem eigenen machen – so als bekämen wir ein Haus geschenkt, das wir durch diverse Umbauten und individuelle Einrichtung zu unserem persönlichen Besitz machen. Der Prozess vollzieht sich bis zum 21. Lebensjahr, insbesondere in den ersten sieben Jahren bis zum Zahnwechsel. Gelingt diese Umwandlung nicht vollständig, stößt unser Immunsystem möglicherweise zu einem späteren Zeitpunkt auf Überreste des Modell-Leibs, die nicht zu einem eigenen umgewandelt wurden. Sie werden dann als fremd erkannt und angegriffen.

- Eine recht ungewöhnliche These stellen Forscher des Scripps Research Institute in Kalifornien auf: Durch den Rückgang von (insbesondere bakteriellen) Infektionen und die besseren hygienischen Bedingungen in den Industrieländern sei das Immunsystem unterbeschäftigt. Die Abwehrzellen suchten sich daher neue Ziele, darunter auch körpereigene.

Autoimmunerkrankungen

Eine Autoimmunreaktion kann sich im Grunde überall im Körper zeigen, beispielsweise auf der Haut als Schuppenflechte, in den Gelenken als rheumatoide Arthritis, an den Nerven als Multiple Sklerose oder in der Bauchspeicheldrüse mit der Folge eines Diabetes Typ 1. Immer ist es das irritierte Immunsystem, das eine Entzündungsreaktion auslöst. 80 bis 100 verschiedene Autoimmunerkrankungen sind heute bekannt – es gibt kaum einen Teil des Körpers, der nicht von einem aus der Balance geratenen Immunsystem in Mitleidenschaft gezogen werden kann. Und leider sind Autoimmunerkrankungen weiter auf dem Vormarsch.

WARUM RICHTET SICH DAS IMMUNSYSTEM GEGEN DIE SCHILDDRÜSE?

Warum die Schilddrüse von der körpereigenen Immunabwehr angegriffen wird, kann man also bislang nicht eindeutig beantworten, aber immerhin lässt sich anhand gleichzeitig auftretender anderer Phänomene ein Zusammenhang vermuten. So geht man davon aus, dass es nicht „die eine“ Ursache für Hashimoto gibt, sondern dass wie so oft das Zusammenspiel mehrerer Voraussetzungen dazu führt, dass das Immunsystem falsch reagiert und sich die Schilddrüse entzündet.

▷ Sind es die Gene?

Ziemlich deutlich ist der genetische Aspekt: Wer Hashimoto-Fälle in der Familie hat, der ist wesentlich stärker gefährdet, auch selbst zu erkranken. Das heißt aber nicht, dass man automatisch Hashimoto bekommt – lediglich die Wahrscheinlichkeit ist höher. Damit die Krankheit ausbricht, müssen noch ungünstige äußere Einflüsse (sogenannte Trigger) dazukommen. Mittlerweile hat man bereits einige Erbanlagen entdecken können, die das Risiko für Hashimoto schon bei jungen Erwachsenen deutlich erhöhen. Vor allem die HLA-Typen DR3 und DR4 sind betroffen. HLA steht dabei für Humane Leukozytenantigene. Dabei handelt es sich um Moleküle auf den Zelloberflächen, die genetisch festgelegt sind und sich von Mensch zu Mensch unterscheiden. Sie sind mit den Blutgruppenantigenen auf den roten Blutkörperchen vergleichbar. Aber auch andere Erbanlagen wie immunregulatorische oder schilddrüsenspezifische Gene sind dafür bekannt, das Risiko für eine Hashimoto-Erkrankung zu erhöhen.

▷ Sind es die Hormone?

Wenn Hormone die Ursache für die Autoimmunerkrankung sind, dann sind es vor allem die weiblichen – was auch den auffallend hohen Anteil an Frauen unter den Betroffenen erklärt. Zwar stehen die Hormone der Schilddrüse generell mit den Sexualhormonen im Wechselspiel – sowohl mit den männlichen als auch mit den weiblichen. Der entscheidende Unterschied besteht jedoch darin, dass der weibliche Hormonspiegel sehr viel wechselhafter ist.

Daher sind auch Dysbalancen wahrscheinlicher, etwa der weibliche Zyklus, der ein regelmäßiges hormonelles Auf und Ab mit sich bringt, die Einnahme und das Absetzen der Pille, Schwangerschaften, später dann die Wechseljahre ... All diese Schwankungen erfordern von der Schilddrüse eine große Anpassungsleistung – Monat für Monat oder über längere Zeiträume. Dabei kann das Gleichgewicht empfindlich gestört werden. So verändert sich während des monatlichen Zyklus die Größe der Schilddrüse – sie wächst in der zweiten Zyklushälfte an.

Frauen, die die Pille nehmen, haben durchschnittlich eine kleinere Schilddrüse und ihr erhöhter Östrogenspiegel kann ein Auslöser für Hashimoto sein. Auch nach dem Absetzen der Pille oder nach einer Schwangerschaft kann es passieren, dass eine bis dahin gesunde Schilddrüse aus dem Gleichgewicht gerät. So hat beispielsweise das Stillhormon Prolaktin eine entzündungsfördernde Wirkung. Genauso vermag ein Mangel an Progesteron infolge der Wechseljahre zur Entwicklung von Hashimoto beizutragen.

Und auch Diäten, zweifellos unter Frauen sehr viel weiter verbreitet als unter Männern, spielen eine Rolle im Hormongeschehen und können bei den ohnehin zahlreichen Herausforderungen, die die Hormonschwankungen darstellen, „das Fass zum Überlaufen bringen".

▷ Ist es ein geschwächtes Immunsystem?

Manche schwer verlaufenden Viruserkrankungen, vor allem das Pfeiffer'sche Drüsenfieber, das vom Epstein-Barr-Virus ausgelöst wird, eine Gürtelrose oder Mumps, können in der Folge eine Hashimoto-Erkrankung nach sich ziehen. Denn sie schwächen das Immunsystem und machen es anfällig. Auch bakterielle Infektionen stehen im Verdacht, Hashimoto zu provozieren.

▷ Ist es Stress?

Stress wirkt sich negativ auf das Hormonsystem aus, weil dann unter anderem die Hormone Adrenalin und Cortisol ausgeschüttet werden, die früher einmal überlebenswichtige Reaktionen wie Flucht- oder Kampfbereitschaft möglich machten. Das Fatale: Wir sind heute häufig im Dauerstress, obwohl „Flucht" oder „Kampf" gar nicht gefragt sind, denn die Stressgründe sind eher emotional oder mental. Die Folge: Es kann zu Entgleisungen des überforderten Hormonsystems kommen.

▷ Ist es zu viel Jod?

Auch eine zu hohe Jodzufuhr über die Nahrung steht als Auslöser zur Diskussion. Viele Lebensmittel werden heute jodiert, auch Jodsalz ist verbreitet. Das liegt daran, dass Deutschland, vor allem der Süden, lange Zeit als Jodmangelgebiet galt (und heute leider wieder als solches deklariert werden muss). Dementsprechend wollte man Jodmangelfolgen vorbeugen – und ist damit womöglich über das Ziel hinausgeschossen: Es könnte durchaus sein, dass wir durch die Jodierung von Lebensmitteln heute teilweise überversorgt sind. Allerdings ist hier anzumerken, dass über die normale tägliche Ernährung ohne zusätzlich jodierte Lebensmittel keine bedenklichen Werte erreicht werden.

▷ Sind es Umweltbelastungen oder radioaktive Strahlen?

Es gibt Vermutungen, dass Schwermetalle in der Umwelt Entzündungen in der Schilddrüse auslösen könnten. Denn sie werden, genauso wie Jod, dort eingelagert und haben das Potenzial, Entzündungen auszulösen. Auch durch radioaktive Strahlen oder Radionuklide, wie sie bei Schilddrüsenuntersuchungen eingesetzt werden, sind Entzündungen möglich. Beides könnte einen Einfluss auf die Entstehung von Hashimoto haben.

GUT ZU WISSEN

WIE UNSER IMMUNSYSTEM FUNKTIONIERT

Ein Blick hinter die Kulissen unseres körpereigenen Abwehrsystems lohnt sich, um die komplexen Zusammenhänge im Immungeschehen des Organismus besser zu verstehen – und damit auch die Autoimmunerkrankung Hashimoto.

Täglich ist unser Körper unzähligen Angriffen von außen ausgesetzt: Viren, Bakterien, Pilze, Parasiten, Fremd- und Schadstoffe sind überall. Selbst wenn wir uns von allen und allem isolieren würden, wären wir nicht zu 100 Prozent vor Ansteckung geschützt. Denn Krankheitserreger sitzen nicht nur auf Oberflächen oder werden durch Kontakt mit Menschen und anderen Lebewesen übertragen. Wir sind durch die Covid-19-Pandemie notgedrungen alle zu Experten in der Frage geworden, wie sich Infektionen ausbreiten, und wissen daher, dass Erreger etwa auch über Atemluft übertragen werden können. Genauso können sich andere Erreger auch in der Erde oder im Wasser befinden.

Unser Schutzschild vor diese Angriffen ist das Immunsystem. Es fängt körperfremde Eindringlinge ab und macht sie unschädlich. Gleichzeitig kann das Immunsystem auch entartete Zellen, wie etwa Krebszellen, erkennen und vernichten. Dabei arbeitet es mit zwei unterschiedlichen Systemen, die sich auf geniale Weise ergänzen: Während das angeborene Immunsystem allgemein und unspezifisch auf jeden Angriff blitzschnell reagiert und die Erreger in Schach hält, kann das erworbene mit ausreichend Zeit passgenaue Abwehrstoffe bilden, die sehr viel wirksamer sind. Was seine Effizienz betrifft, leistet dieses hoch spezialisierte und gleichzeitig breit aufgestellte Abwehrsystem Erstaunliches, perfekt ist es aber nicht. Daher erwischt uns eben ab und an doch eine Erkältung, Grippe oder auch folgenreichere Krankheit wie eine Autoimmunerkrankung. Das ist kein Wunder, immerhin muss das Immunsystem nicht nur ständig auf unglaublich viele Einflüsse reagieren, sondern es bekommt es auch immer wieder mit ganz neuen Erregern zu tun – wie etwa dem Coronavirus. Dazu kommt der wachsende Einfluss von Umweltschadstoffen, der unsere Körperabwehr stresst.

Die Organe des Immunsystems

Wie der Begriff „System“ vermuten lässt, ist das Immunsystem ein Konglomerat an Organen, die untereinander in Verbindung stehen. Da ist zuerst einmal die Haut, die als äußerstes Organ die Grenze zwischen unserem Körper und unserer Umgebung darstellt. Sie bildet gemeinsam mit Schleimhäuten die erste Barriere des Immunsystems. Bereits hier sind Substanzen und Mechanismen am Werk, die Eindringlinge abwehren – wie Säuren und Enzyme im Speichel, Tränenflüssigkeit und Schleim in den Atemwegen, Magensäure, nützliche Mikroorganismen auf der Haut und sogar Reflexe wie Niesen oder Husten. Daneben gehören die Organe des sogenannten lymphatischen Systems zum Immunsystem. Das sind Milz, Thymus, Lymphknoten und -bahnen, Mandeln und Blinddarm.

Entzündungen als Abwehrhilfe

Konnten die natürlichen Barrieren den Krankheitserregern nicht oder nicht vollständig Einhalt gebieten, kommt das zweite Schutzschild zum Einsatz: Bestimmte Zellen des Immunsystems, die sich bereits am Ort des Geschehens befinden oder dorthin wandern, provozieren jetzt eine Entzündung. Dazu erweitern sie durch gewisse Stoffe die Blutgefäße, damit sie durchlässiger für weitere Abwehrzellen werden. Eine Entzündung ist also eine grundsätzlich sinnvolle Reaktion des Körpers! Gleichzeitig werden Eiweiße, Enzyme und andere Moleküle aktiviert, die bei der Abwehrreaktion helfen. Die Folgen einer Entzündung sind Schmerz, Wärme, Rötung und Schwellung an der betroffenen Stelle, gelegentlich auch Fieber.

Jetzt können die Erreger von massenweise eindringenden Fresszellen (Phagozyten) unschädlich gemacht werden. Diese Zellen nehmen die Erreger in sich auf und verdauen sie. Sie fressen sie im wahrsten Sinne des Wortes auf. Pac-Man lässt grüßen! Handelt es sich um virusinfizierte oder tumorartig veränderte körpereigene Zellen, übernehmen natürliche Killerzellen den Job. Unterstützt werden die Fresszellen dabei auf verschiedene Weise von Enzymen, die in einer Kettenreaktion immer weitere Enzyme aktivieren – man spricht vom Komplementsystem. Diese Enzyme setzen alles in Bewegung, um Erreger unschädlich zu machen: Sie weisen auf Erreger hin, locken Immunzellen an, informieren das erworbene Immunsystem und können die Hülle von Bakterien und Viren zerstören.

Unser Selbstschutzmechanismus

Bei der Vielzahl an Einflüssen, die auf das Immunsystem einwirken, muss es unterscheiden lernen – also die „guten" von den „schlechten" Stoffen trennen können, um zu verhindern, dass das System sich letztlich selbst angreift: Die „guten" Stoffe sind die körpereigenen Eiweiße, die einen Teil unserer Körpersubstanz bilden und viele Aufgaben wahrnehmen. Die „schlechten" sind die von außen kommenden Krankheitserreger und eigene, aber veränderte Körperzellen, wie z. B. Tumorzellen. Um zwischen gut und schlecht zu unterscheiden, kommen bestimmte Lymphozyten ins Spiel, eine Untergruppe der T-Lymphozyten, die man auch als „Erzieher" bezeichnen könnte. Lymphozyten sind in der Lage, jeden Fremdstoff genau zu erkennen. Ein Teil von ihnen wandelt sich in langlebige Gedächtniszellen um, die rund um die Uhr im Blut zirkulieren und sogar dazu in der Lage sind, sich einen Erreger zu merken. So haben sie bei einem erneuten Angriff das Gegenmittel in Form einer Antikörperreaktion direkt parat. Das Immunsystem kann also, hat man einmal eine Infektion durchgemacht, sofort aktiv werden. Man ist dann immun und erkrankt nicht, meist merkt man sogar nicht einmal etwas von dem Angriff.

Während des Reifungsprozesses der Lymphozyten stellen die T-Lymphozyten, die „Erzieher", ihnen die körpereigenen Eiweiße vor. Sie zeigen ihnen gewissermaßen, wer die „Guten" sind, damit diese später nicht angegriffen werden. Zudem passen sie auf, dass die körpereigene Abwehr nicht überschießt und auch wieder abgeschaltet wird, sobald der Eindringling besiegt ist. Funktioniert das alles, läuft unser Immunsystem „rund" und schützt uns vor Krankheiten. Immer häufiger kommt es aber vor, dass dieser Unterscheidungsmechanismus Fehler macht, wie es bei Hashimoto und anderen Autoimmunerkrankungen der Fall ist.

DIE SYMPTOME: WAS DIE AUTOIMMUNKRANKHEIT MIT UNS MACHT

Weil bei Hashimoto der ganze Organismus nur noch auf Sparflamme läuft, fehlt es an allen Ecken und Enden an Hormonen, die unseren Energiehaushalt aufrechterhalten. Kein Wunder, dass die Symptome entsprechend vielfältig sind – und sogar weitere Erkrankungen dazukommen können.

Hashimoto kann lange Zeit unentdeckt bleiben, weil das Hormonsystem noch eine Zeitlang in der Lage ist, den Spiegel an Schilddrüsenhormonen trotz des Zellverlusts stabil zu halten. Die Erkrankung ist zwar schon da, wird aber noch nicht bemerkt. Währenddessen schreitet der Abbau der Zellen weiter fort. Der Schweregrad und der Verlauf von Hashimoto können sehr unterschiedlich sein: Es reicht von Verläufen, die kaum mit Beschwerden verbunden sind, bis zu solchen mit schweren Symptomen. Man weiß von spontanen Ausheilungen und Fällen ohne jegliche Beschwerden, obwohl entsprechende Antikörper nachgewiesen wurden. Es gibt unkomplizierte Verläufe, die mit weiteren Autoimmunerkrankungen einhergehen, und komplizierte Verläufe mit oder ohne weitere Autoimmunkrankheiten. Die gute Nachricht: Etwa 80 Prozent der Erkrankungen verursachen bei der richtigen Behandlung nur leichte oder keine Beschwerden.

ÜBERFUNKTION AM ANFANG

Zu Beginn kann sich die Erkrankung zuweilen sogar absolut untypisch zeigen, weil erst einmal ein „letztes Aufbäumen" der Schilddrüse möglich ist. Sterben durch die Autoimmunreaktion hormonproduzierende Zellen ab, gibt der Rest alles, was geht – und das kann auch einmal zu viel des Guten sein. Die Hirnanhangsdrüse versucht dann durch einen verstärkten Ausstoß von TSH, mehr T3 und T4 in den Blutkreislauf zu bringen und damit den Mangel an hormonproduzierenden Zellen auszugleichen. Die Betroffenen leiden in diesem Fall nicht unter den bei Hashimoto eigentlich typischen Symptomen einer Unterfunktion, sondern unter genau den gegensätzlichen Symptomen – eben denen einer Überfunktion. Wie diese aussehen können, ist auf Seite 12 kurz beschrieben.

Hashitoxikose

Der Spiegel an Schilddrüsenhormonen kann so stark steigen, dass sich der Hormonschub toxisch auf die Zielzellen auswirkt. Das kann immer dann passieren, wenn durch einen Krankheitsschub besonders viele Schilddrüsenzellen zerstört werden und in der Folge die darin gespeicherten Hormone ungesteuert (also ohne die Regelung durch TSH) ins Blut abgegeben werden. Dieses Phänomen kann nicht nur zu Beginn, sondern zu jedem Zeitpunkt der Erkrankung auftreten, solange noch aktives Schilddrüsengewebe vorhanden ist. Es ist also bei Hashimoto durchaus möglich, dass die eigentlich charakteristischen Symptome einer Unterfunktion von solchen einer Überfunktion abgelöst werden. Meist ist die Hashitoxikose nicht behandlungsbedürftig und verschwindet innerhalb weniger Tage oder Wochen von allein, wenn der Krankheitsschub vorbei ist.

VERKLEINERUNG ODER VERGRÖSSERUNG

Er kommt bei Hashimoto nicht häufig vor, mitunter aber eben doch: der Kropf (medizinisch: Struma). Er entsteht, wenn als Antwort auf den niedrigen Hormonspiegel mehr Schilddrüsenzellen gebildet werden, die Schilddrüse also wächst. Ein Kropf ist schon von außen durch eine Verdickung des Halses zu erkennen. Die Betroffenen spüren zudem vielleicht ein Engegefühl, haben Schluck- und Atembeschwerden und sind heiser – allesamt Auswirkungen des zunehmenden Drucks, den die vergrößerte Schilddrüse ausübt. Deutlich häufiger lässt sich bei Hashimoto allerdings das Gegenteil eines Kropfs feststellen: eine verkleinerte Schilddrüse. Bei dieser sogenannten atrophen Form macht sich der Zellverlust deutlich bemerkbar, weil das Schilddrüsengewebe nach und nach abgebaut wird (es atrophiert).

DIE SYMPTOME

Bei Hashimoto sterben die hormonproduzierenden Zellen allmählich ab, was eine Unterfunktion der Schilddrüse verursacht. Zwar ist, wie beschrieben, gelegentlich (vor allem zu Beginn der Erkrankung) und kurzzeitig auch eine Überfunktion möglich, typisch jedoch ist die Hypothyreose. Weil Schilddrüsenhormone an den Zellen fast aller Organe andocken können, betreffen ihre Funktionsstörungen den ganzen Organismus. Hashimoto kann sich daher fast überall äußern: Haut und Haare, Magen und Darm, Herz und Kreislauf, Gehirn und Nervensystem, die Psyche, die Muskulatur und das Fettgewebe können betroffen sein.

Hinzu kommt, dass die Autoimmunerkrankung auch Symptome auslösen kann, die auf die gestörte Immunfunktion zurückgehen. An dieser Stelle wollen wir uns damit genauer befassen und etwas mehr in die Tiefe gehen.

▷ Allgemeinbefinden

Alles geht langsamer, alles wird anstrengender: Ständige Müdigkeit, Erschöpfung und Abgeschlagenheit, Benommenheit und Unkonzentriertheit machen den Alltag zu einer Herausforderung. Es fehlt an Energie für die kleinsten Tätigkeiten. Ohne Kaffee kommen viele Betroffene kaum noch in die Gänge. Trotz der Müdigkeit ist Schlafen ein Problem, sowohl das Einals auch das Durchschlafen. Die Tiefschlafphase ist verkürzt, weshalb die kurzen Nächte kaum noch Erholung bieten. Betroffene frieren sehr leicht, selbst bei hohen Umgebungstemperaturen, was unter anderem an der zu niedrigen Körpertemperatur liegt. Wenn ein Stimmbandödem hinzukommt, kann sich die Stimme verändern: Sie ist heiser und tief und man muss sich häufig räuspern. Die Sprache ist langsam und verwaschen. Hat sich außerdem ein Kropf gebildet, kann dieser Atemnot verursachen.

▷ Nerven und Gehirn

Wie Nebel im Gehirn: Betroffene fühlen sich oft benommen (Brain Fog), was auch die Konzentration weiter beeinträchtigt. Sich zu etwas aufzuraffen, fällt zunehmend schwerer. Zu dieser Antriebsschwäche kommt häufig ein löchriges Gedächtnis. Man kann sich nicht mehr an Namen, Geburtstage oder Termine erinnern. Kopfschmerzen und Migräne, leichte Sehstörungen und ein Schleier vor den Augen sind häufige Begleiterscheinungen. Schwindel und Kribbeln im Körper lassen eine Kreislaufschwäche vermuten. Das Hörvermögen kann nachlassen und ein Tinnitus entstehen. Auch ein Karpaltunnelsyndrom, eine Missempfindung im Handgelenk, verursacht durch einen eingeklemmten Armnerv, kommt bei Hashimoto-Betroffenen relativ oft vor.

▷ Psyche, Seele

Stimmungsschwankungen treten häufig auf, Betroffene sind emotional überempfindlich. Einmal ist die Laune „im Keller“ bis hin zu Depressionen, dann wieder sind Ungeduld, Reizbarkeit und Wutausbrüche an der Tagesordnung. Auch unbegründete Angst- und Panikattacken kommen vor. Ein Grund ist der reduzierte Schilddrüsenhormonspiegel, der auch die Ausschüttung des Glückshormons Dopamin vermindert.

▷ Appetit und Körpergewicht

Wenn die Schilddrüse auf die Bremse tritt, wirkt sich das auf den gesamten Organismus aus und damit auch auf das Gewicht: Die Kilos werden mehr und mehr, was auf den ersten Blick unerklärlich ist, da doch wegen des geringen Appetits die Kalorienaufnahme nicht besonders hoch ist. Grund für das Plus auf der Waage ist der reduzierte Energieverbrauch im Ruhezustand, der Grundumsatz. Es werden einfach weniger Kalorien verbraucht, der Kohlenhydrat- und Fettstoffwechsel laufen langsamer ab. Alles, was man isst, wird jetzt besonders effektiv als Fettgewebe gespeichert (man muss das Stück Kuchen nur ansehen). Gleichzeitig wird weniger Fett zur Energiegewinnung genutzt und es werden mehr Kohlenhydrate eingelagert. Trotz aller Versuche ist es nahezu unmöglich abzunehmen. Dazu kommt, dass bestimmte Wachstumshormone reduziert sind, was bei Erwachsenen eine vermehrte Körperfetteinlagerung begünstigt.

▷ Haut und Haare

Kamm und Bürste sind täglich voller Haare, es wirkt, als würden sie geradezu büschelweise ausfallen. Kein Wunder, auch die Haarfollikel werden jetzt schlechter versorgt. Die Kopfhaut schuppt und juckt. Die Haare werden dünner, sind brüchig und stumpf, genauso wie die Fingernägel. Die Haut hat einen gelblichen Farbton, ist teigig und trocken.

▷ Herz, Kreislauf, Gefäße

Der Puls ist verlangsamt und das Herz schlägt Kapriolen und zu diesem Herzstolpern kann noch Atemnot kommen. All dies sind Folgen einer verminderten Herzleistung, denn der Hormonmangel führt dazu, dass sich der Fließwiderstand der Gefäße erhöht. Das Herz braucht sehr viel Kraft, um sich zusammenzuziehen, und ermüdet mit der Zeit. Langfristig erhöhen diese Symptome das Risiko für Herz-Kreislauf-Erkrankungen. In seltenen Fällen lässt sich eine Blutgerinnungsstörung feststellen. Besteht die Unterfunktion länger und wird nicht behandelt, können ein verlangsamter Herzschlag und zu niedriger Blutdruck bei gleichzeitig erhöhtem Cholesterinspiegel zur Verkalkung der Gefäße führen. Dann besteht das Risiko einer Herzmuskelschwäche.

▷ Magen und Darm

Beschwerden können sich auch im Verdauungstrakt zeigen: typische Reizdarmsymptome, die sich mal als Durchfall, mal als Verstopfung äußern und völlig unabhängig von dem zu sein scheinen, was gegessen wurde. Der Bauch ist oft aufgebläht, Übelkeit und Sodbrennen sind verbreitet. Der Grund: Die Muskulatur von Magen und Darm ist weniger aktiv, es wird weniger Magensäure gebildet.

▷ Bindegewebe und Muskulatur

Nicht nur das Gewicht steigt, auch der Körper schwillt an: Hände und Füße sind dick und es kommt zu Schwellungen und Wassereinlagerungen im Gesicht, besonders um die Augenpartie herum (Augen-/Myxödem). Grund für die Wasseransammlungen ist eine gestörte Nierenfunktion. Weil Nieren und Leber bei einem Mangel an Schilddrüsenhormonen nicht mehr richtig arbeiten, sammeln sich Toxine im Blut. Die Entgiftung ist verlangsamt. Eine Bindegewebsschwäche verursacht Cellulite. Die Muskulatur verhärtet sich, vor allem im Nacken gibt es Schmerzen und Verspannungen.

▷ Sexualität

Unlust macht sich breit: Das sexuelle Verlangen ist vermindert, Männer leiden unter Erektionsstörungen. Bei Frauen kommt es zu Zyklusstörungen und Unfruchtbarkeit. Die Symptome erklären sich damit, dass die Schilddrüsenhormone die Bildung von Sexualhormonen regulieren. Fehlt es an den einen, mangelt es auch an den anderen.

▷ Fettstoffwechsel

Wenn beim ärztlichen Check-up plötzlich ein erhöhter Triglycerid- und Cholesterinspiegel festgestellt wird, kann dies auch ein Hinweis auf Hashimoto sein. Denn vor allem das ungünstige LDL-Cholesterin und die Triglyceride verbleiben dann im Blutkreislauf.

▷ Unverträglichkeiten

Lebensmittel machen plötzlich Schwierigkeiten: Was lange überhaupt kein Problem war, wird plötzlich nicht mehr vertragen. Besonders Brot, Kuchen, Nudeln und alles, was Gluten enthält, macht Probleme. Aber auch andere Unverträglichkeiten und Allergien können sich als Begleiter von Hashimoto entwickeln.

DIE WICHTIGSTEN SYMPTOME IM ÜBERBLICK

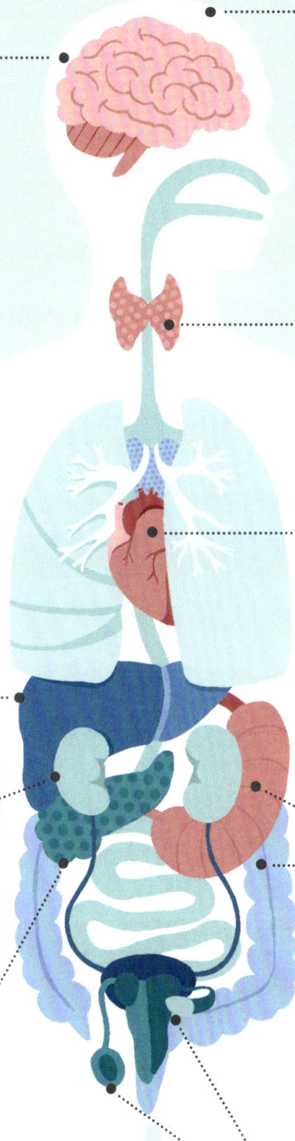

Psyche, Gehirn, Nervensystem
Depression, Angstzustände, Konzentrationsschwäche, Kopfschmerzen, Antriebsschwäche, Ungeduld, Reizbarkeit, Schwindel, leichte Seh- und Hörstörungen

Haut, Haare
gelbliche, teigige sowie trockene Haut, Schwellungen (Augen-/Myxödem), schuppende, juckende Kopfhaut, Haarausfall, stumpfe, brüchige Haare und Nägel

Schilddrüse
Vergrößerung der Schilddrüse

Binde- und Fettgewebe
Cellulite, Ödeme, Wassereinlagerungen, Schwellungen (Gesicht, Hände, Füße), starke Gewichtszunahme

Herz, Kreislauf
reduzierte Herzfrequenz, erhöhter Blutdruck, Herzstolpern, langsamer Puls, Atemnot, Gerinnungsstörungen (selten)

Leber
erhöhter Cholesterinspiegel, verlangsamte Entgiftung

Nieren
erniedrigte Nierenfiltrationsrate, gestörter Elektrolythaushalt, Wasseransammlung, häufiger Harndrang

Magen-Darm-Trakt
Sodbrennen, Verstopfung, Blähungen, Nahrungsmittelunverträglichkeiten, Übelkeit, Reizdarmsymptome

Bauchspeicheldrüse
gesteigerte Insulinproduktion, erhöhter Insulinspiegel, Risiko der Unterzuckung

Geschlechtsorgane
Libidoverlust, ausbleibender Eisprung, Unfruchtbarkeit, Impotenz, Menstruationsbeschwerden

DIE DIAGNOSE: WIE HASHIMOTO FESTGESTELLT WERDEN KANN

In vielen Fällen wird Hashimoto nicht oder erst sehr spät entdeckt. Besonders im Anfangsstadium kann die ärztliche Routineuntersuchung oft keine auffälligen Ergebnisse liefern. Nur im Verdachtsfall erfolgen gezielte Untersuchungen, die Schritt für Schritt zur Diagnose führen.

Der Diagnose Hashimoto kann mitunter ein holpriger Leidensweg von Arzt zu Arzt vorangehen. Ein Grund ist, dass viele Betroffene ihre Erkrankung gerade zu Beginn gar nicht wahrnehmen, da sie im Anfangsstadium noch ganz ohne Symptome ablaufen kann. Aber auch in fortgeschrittenen Phasen, wenn die Betroffenen bereits unter Beschwerden leiden, sind diese so unspezifisch, dass sie nicht unbedingt mit Hashimoto in Verbindung gebracht werden. Selbst die Laborwerte lassen gelegentlich keine eindeutige Diagnose zu. Erschwert wird die Diagnose von Hashimoto zudem, weil die typischen Zeichen wie Rötungen, Schwellungen oder auch Fieber, die bei äußerlichen Entzündungen ein deutliches Signal sind, bei einer innerlichen Entzündung fehlen.

Besonders dann, wenn die Symptome auch andere nachvollziehbare Ursachen haben könnten, werden sie schnell falsch interpretiert. Ein typisches Beispiel dafür sind Frauen um die 50, die sich gerade in den Wechseljahren befinden: Schwitzen, Antriebsschwäche, Müdigkeit und Stimmungstiefs werden dann gerne mit der Hormonumstellung in Verbindung gebracht. Tatsächlich könnte diese auch ein möglicher Auslöser für Hashimoto sein, sie ist aber in diesem Fall nicht der Grund für die genannten Beschwerden. Vielmehr wird das Geschehen von der Autoimmunerkrankung selbst verursacht, die sich, bislang noch unerkannt, im Hintergrund entwickelt hat.

WAS MACHT DER ARZT?

Wie erkennt man eine Hashimoto-Thyreoiditis? Verschiedene Untersuchungsmethoden, die die Ärztin oder der Arzt Schritt für Schritt mit Ihnen durchlaufen, sind letztlich der sicherste Weg zur Diagnose.

Schritt 1: Anamnese

Wenn Sie mit unklaren Symptomen zum Arzt gehen, wird er sich zunächst genau nach Ihren Beschwerden erkundigen. Schildern Sie so detailliert wie möglich, welche Veränderungen bei Ihnen aufgetreten sind. Der Selbsttest auf Seite 29 gibt Ihnen bereits erste Hinweise und kann gleichzeitig als eine Art Checkliste dienen, was genau Sie Ihrer Ärztin oder Ihrem Arzt mitteilen sollten. Geklärt werden sollte auch die Frage, ob es in Ihrer Familie bereits Fälle von Hashimoto-Thyreoiditis gibt.

Schritt 2: Tastuntersuchung

Vermutet der Arzt eine Störung der Schilddrüsenfunktion, wird er das Organ zunächst durch eine äußerliche Tastuntersuchung auf Größe, Knoten, Schluckverschieblichkeit und Druckschmerz überprüfen.

Schritt 3: Blutuntersuchung

Danach wird eine entsprechende Blutuntersuchung veranlasst, um die Schilddrüsenhormonwerte zu bestimmen.

- *Schilddrüsenhormone*

Zunächst werden die beiden „Postboten"-Hormone T3 und T4 (in ihrer freien Form als fT3 und fT4) sowie das regulierende TSH aus der Hirnanhangsdrüse gemessen. Für TSH liegen die Normwerte zwischen 0,27 und 4,20 mU/l, bei freiem Triiodthyronin (fT3) zwischen 2,00 und 4,40 ng/l, bei freiem Thyroxin (fT4) zwischen 0,93 und 1,70 ng/dl.

Wird ein TSH-Wert von über 10 mU/l gemessen, kann man von einer Unterfunktion ausgehen. Zu Beginn einer Hashimoto-Thyreoiditis bewegen sich T3 und T4 dagegen meist noch auf einem normalen Level, weil das Steuerungshormon TSH durch eine vermehrte Ausschüttung noch gegenregulieren kann. Möglicherweise ist daher anfangs nur das TSH erhöht, was als subklinische oder latente Hypothyreose bezeichnet wird. Wenn dagegen nicht nur das TSH erhöht, sondern zugleich auch das im Blut messbare fT4 erniedrigt ist (das messbare fT3 ist für die Diagnosestellung nicht so entscheidend), liegt bereits eine manifeste Hypothyreose vor. Eine Unterfunktion lässt sich also am zuverlässigsten an einem leicht erhöhten TSH-Wert feststellen. Allerdings kann selbst dieser in manchen Fällen ganz normal sein. Das heißt: Sind alle Schilddrüsenwerte (TSH, fT3 und fT4) im normalen Bereich, ist eine Hashimoto-Thyreoiditis nicht mit Sicherheit ausgeschlossen! Trotzdem ist TSH der bessere Marker für eine beginnende Unterfunktion als T3 oder T4.

- *Antikörper*

Wurde eine subklinische oder manifeste Hypothyreose diagnostiziert, kann dies verschiedene Ursachen haben. Nicht immer ist eine Autoimmunreaktion, also eine Hashimoto-Thyreoiditis, der Grund. Zur weiteren Bestimmung sollten die Antikörper gegen thyreoidale Peroxidase (TPO-AK) bestimmt werden, die bei mehr als 95 Prozent der Hashimoto-Patienten nachweisbar sind. Erst damit kann die Diagnose Hashimoto als gesichert angesehen werden. Allerdings schließt selbst der fehlende Nachweis von TPO-Antikörpern eine Hashimoto-Thyreoiditis nicht aus. Eine gewisse, aber sehr niedrige Unwägbarkeit bleibt. Daher sollten zusätzlich die TSH-Rezeptor-Antikörper (TRAK) ermittelt werden. Sie weisen auf einen Morbus Basedow hin.

- *Entzündungswerte*

Da es sich überwiegend um eine chronische Entzündung handelt, sind die typischen Entzündungswerte im Blut (wie BSG und CRP) meist nicht höher als gewöhnlich.

- *Cholesterin*

Erhöht ist dagegen oft der Cholesterinwert, vor allem der des ungünstigen LDL-Cholesterins. Er ist damit ebenfalls ein guter Marker für eine beginnende Unterfunktion. Ein idealer LDL–Wert liegt nicht höher als 116 mg/dl.

Schritt 4: Ultraschalluntersuchung

Eine krankhafte Veränderung der Schilddrüse ist am ehesten am Organ selbst abzulesen. Die Veränderung lässt sich durch eine Ultraschalluntersuchung (Sonografie) erkennen. Allerdings muss eine Hashimoto-Schilddrüse nicht zwingend ein eindeutig verändertes Bild zeigen, besonders nicht am Anfang. Erst im fortgeschrittenen Stadium der Erkrankung macht das Ultraschallbild die typischen Zeichen der Entzündung oder Organschädigung sichtbar und lässt so eine eindeutige Diagnose zu. Die Ultraschalluntersuchung gehört dennoch zu den verlässlichsten Diagnosemöglichkeiten. Die Größe der Schilddrüse und die Struktur ihres Gewebes sind in der Regel deutlich verändert: Das Gewebe verliert an Festigkeit und wird gummiartig. Im Ultraschall werden solche Veränderungen häufig als fleckig-echoarm und inhomogen erkennbar. Die Schilddrüse kann mit der Zeit kleiner werden (atrophe Form, früher Ord-Thyreoiditis genannt); sie hat dann bei Frauen ein Volumen unter 6 ml, bei Männern unter 8 ml. Allerdings gibt es für die Höchst- oder Mindestgröße der Schilddrüse keine Normwerte, sodass bereits verkleinerte Schilddrüsen nicht immer als solche erkannt werden. So kann es passieren, dass die geringe Größe z. B. fälschlicherweise auf die schlanke Gestalt der untersuchten Person zurückgeführt wird. Im Zweifel empfiehlt es sich, eine zweite ärztliche Meinung einzuholen.

In selteneren Fällen kann die Schilddrüse auch angeschwollen sein (hypertrophe Form). Dann erkennt man mit dem Farbdoppler-Ultraschall bei einem akuten Schub eine vermehrte Durchblutung des Organs, während diese ansonsten im chronischen Stadium gegenüber der normalen Schilddrüse verringert ist.

Schritt 5: Allgemeiner Gesundheitscheck
Ein allgemeiner Gesundheitscheck trägt zwar nicht direkt zur Diagnose bei, ist aber sehr sinnvoll und sollte unbedingt erfolgen. Immerhin können bei etwa einem Viertel der Hashimoto-Betroffenen weitere Autoimmunerkrankungen auftreten, was dringend abgeklärt werden muss.

Untersucht werden sollten zumindest Herz und Kreislauf, Leber, Magen und Darm sowie Nieren und Nebennieren. Da auch psychische Probleme wie Depressionen nicht selten vorkommen, ist gleichzeitig eine Untersuchung des seelischen Befindens sinnvoll. Nachdem die Unterfunktion zu verschiedenen Nährstoffmangelsituationen führen kann, sollten nicht zuletzt die Blutwerte von Vitamin D, Folsäure, Selen, Omega-3-Fettsäuren, B-Vitaminen, Eisen und Zink bestimmt werden.

- *Szintigrafie (nuklearmedizinische Untersuchung)*

Eine Szintigrafie ist in der Regel nicht erforderlich. Tritt aber zu Beginn der Hashimoto-Erkrankung vorübergehend eine Überfunktion auf, sollte ein Morbus Basedow ausgeschlossen werden. Für die Szintigrafie wird dem Patienten ein Radiopharmakon verabreicht: Im Fall von Morbus Basedow wird es vermehrt aufgenommen, bei Hashimoto nur schwach.

- *Histologische Untersuchung (Punktion)*

Für die endgültige Abklärung ist zusätzlich eine feingewebliche (histologische) Untersuchung nötig, die mittels Feinnadelpunktion der Schilddrüse erfolgt. Sie ist jedoch zur Diagnosestellung in der Regel nicht nötig und auch nur dann sinnvoll, wenn zusätzlich unklare Knoten in der Schilddrüse gefunden wurden.

CHECKLISTE: WELCHE UNTERSUCHUNGEN WERDEN GEMACHT?

1. **Anamnese** .... ☑
2. **Tastuntersuchung** .... ☑
3. **Blutuntersuchung** .... ☑
   - Schilddrüsenhormone TSH, fT3, fT4
   - Antikörper TPO-AK, TRAK
   - Entzündungswerte (BSG und CRP)
   - Cholesterin, vor allem LDL
4. **Ultraschall** .... ☑
5. **Allgemeiner Gesundheitscheck:** Herz, Kreislauf, Magen, Darm, Nieren, Nebennieren, Psyche, Nährstoffe (Vitamin D, Folsäure, Selen, Omega-3-Fettsäuren, B-Vitamine, Eisen und Zink) .... ☑

SELBSTTEST: HABE ICH HASHIMOTO?

Haben Sie den Verdacht, unter einer Hashimoto-Thyreoiditis zu leiden? Dieser erste Selbsttest hilft Ihnen, das herauszufinden.

Haben Sie häufiger Schlafstörungen?
O ja O nein

Sind Sie antriebslos und schnell erschöpft?
O ja O nein

Ist Ihnen manchmal schwindelig oder fühlen Sie sich leicht benommen?
O ja O nein

Haben Sie das Gefühl, dass Ihnen alles zu viel wird?
O ja O nein

Leiden Sie unter Appetitlosigkeit?
O ja O nein

Haben Sie in letzter Zeit an Gewicht zugenommen?
O ja O nein

Neigen Sie zu Verstopfung?
O ja O nein

Ist Ihre Haut ungewöhnlich trocken?
O ja O nein

Haben Sie stumpfe, trockene und spröde Haare?
O ja O nein

Leiden Sie unter Haarausfall und/oder brüchigen Fingernägeln?
O ja O nein

Frieren Sie leicht (auch in warmer Umgebung)?
O ja O nein

Bekommen Sie schon nach leichten Anstrengungen Muskelkater?
O ja O nein

Haben Sie Probleme mit Muskelschwäche?
O ja O nein

Bemerken Sie ein Kloßgefühl im Hals oder haben Sie ziehende Schmerzen im Bereich der Schilddrüse?
O ja O nein

Sind in Ihrer Familie bereits andere Familienmitglieder an einer Hashimoto-Thyreoiditis oder einer Schilddrüsenunterfunktion erkrankt?
O ja O nein

Auswertung
Wenn Sie mehr als fünf Fragen mit Ja beantwortet haben, könnten Sie unter einer Hashimoto-Thyreoiditis leiden und sollten Ihre Schilddrüse gründlich untersuchen lassen.

KONVENTIONELLE THERAPIE: WAS KANN MAN TUN?

In der Regel ist bei Hashimoto die Substitution der fehlenden Schilddrüsenhormone notwendig, weil das Organ sie selbst nicht mehr oder zumindest nicht in der erforderlichen Menge produzieren kann. Neben dieser Hormongabe können im Rahmen einer ganzheitlichen Behandlung, die alle Auswirkungen der Erkrankung miteinbezieht, aber noch viele weitere therapeutische Methoden zur Beschwerdefreiheit beitragen.

Auch wenn sich manche Betroffene vor der lebenslangen Einnahme von Hormonen ängstigen: Sie ist unbedingt nötig, da sich die Schilddrüse bei Hashimoto nicht regeneriert und selbst keine Hormone mehr bilden kann. Machen Sie sich bewusst, dass Sie lediglich die Menge an Hormonen aufnehmen, die für Sie lebenswichtig ist und die eine gesunde Schilddrüse auch produzieren würde. Bevor Schilddrüsenhormone verordnet werden, muss der Verlauf der Hashimoto-Erkrankung genau analysiert werden. Bei sehr milden Verläufen, bei denen weder die Symptome einer Schilddrüsenunterfunktion (Hypothyreose) noch auffällige Laborwerte (bis auf nachweisbare TPO-Antikörper) auftreten, ist eine Substitution mit Hormonen nicht erforderlich. Die Betroffenen sollten sich jedoch regelmäßig untersuchen lassen. Die Schilddrüsenwerte bestimmt man am besten mit einer Blutentnahme am Morgen zwischen acht und zehn Uhr – ohne vorherige Einnahme von Schilddrüsenhormonen am selben Tag.

HORMONTHERAPIE: DIE DOSIERUNG

Anders verhält es sich, wenn kein Restgewebe der Schilddrüse mehr vorhanden ist. Das eher inaktive Thyroxin (T4) wird im Körper dann in die aktivere Form des T3 umgewandelt. Mit der Speicherform T4 füllt der Körper seine Depots auf, um das Hormon bei Bedarf freisetzen zu können. Die Gabe von Schilddrüsenhormonen in Form von T4 ist dann unumgänglich; der Wirkstoff ist immer Levothyroxin. Die tägliche Dosis beträgt normalerweise 1,6 µg pro Kilogramm Körpergewicht – das sind zwischen 100 und 150 µg am Tag, die idealerweise nüchtern 30 Minuten vor dem Frühstück mit einem Glas Leitungswasser eingenommen werden. Getränke wie Kaffee, Milch, Tee und Mineralwasser können die Aufnahme beeinträchtigen.

Ist das Gewebe der Schilddrüse noch nicht restlos zerstört, reichen niedrigere Dosen aus. Erwachsene Patienten ohne Hinweis auf eine Herzerkrankung können mit 25 bis 50 µg Levothyroxin am Tag beginnen. Die Dosis wird dann mit Blick auf den klinischen Verlauf und die Höhe des TSH-Spiegels angepasst. Das Ziel ist ein normaler TSH-Wert, möglichst in der unteren Hälfte des Normbereichs. Dabei muss berücksichtigt werden, dass der TSH-Wert verzögert abfällt, weshalb nach etwa zwei Monaten eine Kontrolle notwendig ist. Symptome wie Gewichtszunahme und Müdigkeit bilden sich nur sehr langsam zurück. Auch wenn der TSH-Wert bereits normalisiert ist, kann es noch drei bis sechs Monate dauern, bis sie vollständig verschwunden sind. Ist eine Anpassung der Levothyroxin-Dosis erforderlich, sollte diese in Schritten von 12,5 bis 25 µg erfolgen. Sobald die Symptome zurückgegangen sind und der TSH-Wert sich stabil im Normbereich bewegt, wird einmal im Jahr der TSH-Wert kontrolliert (eventuell zusätzlich mit einer Sonografie).

Vorgehen bei subklinischer Hypothyreose

Hat ein Patient kaum oder gar keine Beschwerden, aber auffällige Blutwerte, liegt vermutlich eine subklinische Hypothyreose vor. Dabei ist das TSH bereits erhöht, der Wert für fT4 liegt aber noch im Normbereich. Die Maßgabe der Europäischen Schilddrüsengesellschaft schlägt in diesem Fall vor, mit der Gabe von Levothyroxin zu beginnen, wenn innerhalb von drei Monaten zweimal ein TSH-Spiegel von über 10 mU/l nachgewiesen wurde. Bei Schwangeren und Frauen mit Kinderwunsch, bei denen positive TPO-Antikörper nachgewiesen wurden, substituiert man bereits bei einem TSH-Wert unter 10 mU/l.

WENN DIE HORMONGABE NICHT AUSREICHT

Mit der Hormonsubstitution ist die heutige klassische Therapie meist beendet. Allerdings ist vielen Betroffenen damit noch nicht ausreichend geholfen. Denn:

- Bei manchen normalisieren sich die Werte für TSH, fT4 und fT3 nicht und auch die klinischen Symptome bleiben trotz der Hormontherapie bestehen.

- Bei anderen normalisieren sich zwar die Blutwerte, einige Beschwerden bleiben aber bestehen.

In solchen Situationen fragen Ärztin oder Arzt zunächst, ob die Betroffenen ihre verordneten Medikamente unregelmäßig einnehmen. Ist dies nicht der Fall, herrscht oft Ratlosigkeit. Was steckt dahinter? Es kann verschiedene Gründe haben, warum die Hormontherapie nicht die gewünschte Wirkung zeigt. Betrachten wir zunächst den Fall, dass sich die Blutwerte trotz Hormongabe nicht normalisieren.

WENN SICH DIE BLUTWERTE NICHT ÄNDERN UND DIE SYMPTOME BESTEHEN BLEIBEN

Normalerweise wird bei einer Unterfunktion der Schilddrüse Thyroxin (T4) gegeben. T4 wird auch Speicherhormon genannt, weil es, bevor es an den Körperzellen wirken kann, in das Arbeitshormon T3 umgewandelt werden muss. Diese Umwandlung geschieht nicht nur in der Schilddrüse, sondern auch in den Nieren und der Leber. Nicht immer aber wirkt die medikamentöse Hormongabe. Dann können folgende Maßnahmen ausprobiert werden:

- *Das Präparat wechseln:* Wenn sich die Blutwerte trotz Thyroxin-Gabe nicht normalisieren, besteht der erste Schritt darin, das Präparat zu wechseln. Verschiedene Mittel haben bei gleichem Thyroxin-Gehalt unterschiedliche Trägerstoffe. Sie werden individuell unterschiedlich vertragen und in die Blutbahn aufgenommen.

- *Nieren und Leber prüfen:* Hilft auch ein anderes Präparat nicht, könnte es sein, dass die Umwandlung von T4 in T3 in den Nieren und der Leber nicht ausreichend gelingt. Deshalb sollte nach einer möglichen Schädigung dieser Organe gefahndet werden. Im Blut zeigt sich das typischerweise durch einen normalen Spiegel an fT4 und einen erniedrigten Spiegel an fT3. Liegen Organschädigungen vor, kann auf ein Kombinationspräparat aus T4 und T3 gewechselt werden.

i

Therapeutische Elemente, die zum Einsatz kommen können:

- Medikamente – auch solche aus der Naturheilkunde
- Äußere Anwendungen in Form von Auflagen, Wickeln etc.
- Künstlerische Therapie wie Musik- oder Sprachtherapie
- Psychotherapie
- Achtsamkeitsübungen und Meditation
- Methoden der Stressbewältigung
- Bewegung
- Ernährung – unser Schwerpunkt

- *Magen- und Darmgesundheit wiederherstellen:* Schon eine leichte chronische Entzündung der Magen- und/oder Darmschleimhaut, die im Blut oder Stuhl nicht nachweisbar ist, kann eine Ursache dafür sein, dass die Aufnahme von T4 in den Körper beeinträchtigt ist. Es ist möglich, dass sich zur Autoimmunkrankheit Hashimoto ein zweite gesellt, z. B. eine Typ-A-Gastritis (siehe Seite 53). Ebenso könnte eine fehlerhafte Zusammensetzung des Mikrobioms vorliegen, die zu einer chronischen Entzündung der Schleimhäute führt. Beides behindert die Aufnahme von T4. Hier müssen die Ursachen behandelt werden.

- *Wechselwirkung mit anderen Medikamenten prüfen:* Auch Medikamente wie Magenschutz- oder Eisenpräparate und einige Antibiotika wie Ciprofloxacin oder Rifampicin können die Aufnahme von Schilddrüsenhormonen beeinträchtigen. Sprechen Sie mit Ihrer Ärztin oder Ihrem Arzt über Ihren täglichen Medikamentenplan.

- *Den Hormonhaushalt in Balance bringen:* Ein gestörter Hormonhaushalt kann ebenfalls eine Ursache für den unveränderten Schilddrüsenhormonspiegel sein. Da Hormone ein Netzwerk im Körper bilden (das Hormon- oder auch endokrine System), beeinflussen sie sich gegenseitig. So beeinflussen etwa die Geschlechtshormone, insbesondere Östrogen und Progesteron, die Schilddrüsenhormone. Gerade in Phasen, in denen jene schwanken, wie Pubertät, Menstruationszyklus, Schwangerschaft und Wechseljahre, können diese aus dem Gleichgewicht geraten. Deshalb sollte bei betroffenen Frauen immer auch der Östrogen- und Progesteronspiegel kontrolliert werden. Genauso muss der Zusammenhang zwischen Schilddrüse und Nebennieren beachtet werden. Schütten die Nebennieren beispielsweise in Stresssituationen vermehrt Cortisol aus, werden weniger Schilddrüsenhormone produziert. Die Umwandlung von T4 in T3 ist dann behindert. Die Nebennieren können von Endokrinologen überprüft werden.

- *Selenmangel beseitigen:* Bei der Umwandlung des Speicherhormons T4 in das Arbeitshormon T3 wird ein Jodatom abgespalten. Dafür ist das Enzym Dejodase zuständig, das aber nur dann arbeiten kann, wenn ausreichend Selen vorhanden ist. Deshalb sollte der Selenwert im Blut bestimmt werden. Liegt ein Mangel vor, wird das Spurenelement in der benötigten Menge verschrieben (beispielsweise in Form von Natriumselenit).

- *Zinkmangel behandeln:* Weil auch das Spurenelement Zink einen großen Einfluss auf das Immunsystem und die Produktion von Schilddrüsenhormonen hat, sollte ein etwaiger Mangel ebenfalls unbedingt ausgeglichen werden – zumal er zudem Haarausfall und Hautveränderungen verursachen und zu Müdigkeit und Konzentrationsmangel führen kann.

- *Eisenmangel beseitigen:* Eisen beeinflusst gleichfalls die Produktion von Schilddrüsenhormonen, besonders an dem Punkt, an dem Eiweiß und Jod zu T3 und T4 zusammengesetzt werden. Darüber hinaus hat der Mineralstoff weitere wichtige Aufgaben, insbesondere im Zusammenhang mit der Blutbildung. Bei jeder Erkrankung der Schilddrüse sollte daher auch der Eisenspiegel kontrolliert werden.

- *Vitamin-D-Mangel behandeln:* Bei allen Autoimmunkrankheiten gilt es, regelmäßig das Vitamin D im Blut (als 25-Hydroxyvitamin D3) zu bestimmen – und zwar im Frühjahr und im Herbst. Genau genommen ist Vitamin D kein Vitamin, sondern ein Prohormon, weil es unter Einwirkung des Sonnenlichts im Körper selbst hergestellt wird. Es hat nicht nur Einfluss auf die Knochenbildung, sondern stabilisiert auch die Abwehrzellen. Studien haben gezeigt, dass über 90 Prozent der Hashimoto-Betroffenen an einem ausgeprägten Vitamin-D-Mangel leiden. Diese Patienten hatten auch höhere Schilddrüsen-Antikörperwerte (TPO-AK). Besonders in den Wintermonaten von Oktober bis Ostern sollte ein ausreichender Vitamin-D-Spiegel gewährleistet sein. Im Sommer bilden wir in

AUS MEINER PRAXIS

KOMPLEXES LEIDEN

Sabine, eine schlanke und sensible junge Frau, hatte mit erst 20 Jahren schon eine längere Leidensgeschichte hinter sich. Seit der Pubertät litt sie unter wiederkehrenden Bauchschmerzen unterschiedlicher Lokalisation. Die Schmerzen nahmen später zu, sie machten sich jetzt im rechten Unterbauch und unter den rechten Rippen bemerkbar, oft kamen Übelkeit, Durchfall und Verstopfung dazu. Schließlich wurde der Blinddarm entfernt, der akut entzündet war. Aber auch dadurch besserten sich die Beschwerden nicht. Ein halbes Jahr darauf wurde bei einer Darmspiegelung eine Entzündung am Dünndarmende diagnostiziert und ein Morbus Crohn vermutet. Dieser wurde medikamentös behandelt – ein halbes Jahr später zeigte sich eine komplette Rückbildung der Darmentzündung.

Danach hatte Sabine weniger Bauchschmerzen, klagte aber über zunehmende Müdigkeit und Erschöpfung. Die hausärztliche Untersuchung ergab eine Unterfunktion der Schilddrüse, eine Hashimoto-Thyreoiditis, an der auch der Vater leidet. Sabine bekam anfänglich 25 μg Levothyroxin täglich, das langsam bis auf 100 μg gesteigert wurde. Wenige Monate darauf ging es ihr dann seelisch und körperlich schlechter, sie litt wieder unter Bauchschmerzen und Übelkeit. Zudem war Sabines Blutdruck sehr niedrig, sodass sie wackelig auf den Beinen war. Sie fühlte sich den ganzen Tag über schlapp und wurde zunehmend depressiv, hatte Schlafstörungen, Angst- und Panikattacken und befürchtete sogar, sich selbst etwas anzutun.

Gemeinsam mit ihrem Vater kam sie Ende Februar 2023 das erste Mal in unsere Praxis. Ich schlug vor, ein Netzwerk aus Hausarzt, Gastroenterologen, Endokrinologen und Psychotherapeuten aufzubauen. Leider ist jedoch genau das für Betroffene heute ein großes Problem, denn viele Ärzte sind in der Zusammenarbeit nicht geübt und das System bietet dafür wenig Zeit. Ich brachte Sabine deshalb in einem Krankenhaus zur Behandlung unter, das auf chronisch-entzündliche Darmkrankheiten spezialisiert ist. Wegen des Morbus Crohn verordnete ich Stibium metallicum D4 und sie erhielt Oberbauchwickel mit Melissenöl (siehe Seite 34), um das vegetative Nervensystem zu harmonisieren. Die Ernährung war ab sofort antientzündlich, unterstützend sollte Sabine ungesüßte Kräutertees aus Salbei, Kamille und Kurkuma trinken. In den Wochen darauf ging es ihr langsam besser, aber noch keineswegs gut. Die ersten erfolgreichen Schritte jedoch sind getan, sie will auf jeden Fall am Ball bleiben.

Diese Krankengeschichte macht deutlich, wie stark Körperliches und Seelisches zusammenhängen. Hashimoto und Morbus Crohn, zwei Erkrankungen, die beide viel mit dem Immunsystem und auch dem Mikrobiom zu tun haben, belasten hier eine junge Frau derart, dass sie zu verzweifeln beginnt. Das erfordert das komplett ärztliche Engagement!

unseren Breitengraden ausreichend Vitamin D, wenn wir uns je nach Hauttyp täglich fünf bis 25 Minuten mit unbedecktem Gesicht, unbedeckten Händen und Armen der Sonne aussetzen (ohne Sonnenschutz) – am besten zwischen 10 und 15Uhr. Über die Ernährung können wir nur wenig Vitamin D aufnehmen.

Die Alternative: sanfte Anregung aus der Naturheilkunde

Wenn all diese möglichen Ursachen abgeklärt wurden, steht normalerweise die Erhöhung der Thyroxin-Dosis an. Es geht aber auch anders: Statt dem Substitutionsgedanken zu folgen, also die natürlichen Schilddrüsenhormone durch künstliche zu ersetzen, kann der Behandlungsansatz auch darin bestehen, das Schilddrüsengewebe zu einer vermehrten Aktivität anzuregen – vorausgesetzt, es ist noch gesundes Restgewebe vorhanden. Ein Tierorganpräparat aus der anthroposophischen Medizin wie Glandula thyreoidea D6 (siehe Tabelle rechts) ist dazu in der Lage. Diese Behandlung eignet sich besonders auch bei einer subklinischen Hypothyreose. Ich habe erlebt, dass dadurch das Auftreten einer manifesten Unterfunktion langfristig vermieden werden konnte.

AUS MEINER PRAXIS

Zu viel Jod durch Vitamintabletten

Die 27-jährige Schornsteinfegermeisterin, die seit zehn Jahren an einer gut eingestellten Hashimoto-Thyreoiditis litt, kam in unsere Praxis, weil ihre Schilddrüsenwerte plötzlich aus dem Ruder liefen. Das TSH war erniedrigt, was auf eine Überfunktion der Schilddrüse hindeutete. Und dass, obwohl sie an ihrer Levothyroxin-Dosis lange nichts geändert hatte. Keiner konnte sich darauf einen Reim machen. Wir gingen all ihre Medikamente durch und siehe da: Sie nahm ein hoch dosiertes Multivitaminpräparat ein, in dem eine nicht unerhebliche Menge an Jod versteckt war. Nachdem sie auf ein reines Vitaminpräparat umgestiegen war, regulierten sich die Blutwerte. Eine zusätzliche Jodzufuhr ist bei Hashimoto also keineswegs unproblematisch! Keine Bedenken muss man hingegen mit Blick auf die Ernährung haben: Allein mit der Nahrung kann man die von der Deutschen Gesellschaft für Ernährung (DGE) empfohlenen 200 µg Jod am Tag schwer überschreiten.

WENN DIE BLUTWERTE NORMALISIERT SIND, ABER DIE SYMPTOME WEITER BESTEHEN

In diesem Fall sind die wesentlichen weiterbestehenden Symptome in der Regel Müdigkeit, Schwäche, Depressionen, aber auch Ödeme und Stoffwechselprobleme wie Verstopfung. Zunächst sollte dann untersucht werden, ob weitere Autoimmunerkrankungen, die mit der Hashimoto-Thyreoiditis assoziiert sind, dazugekommen sind (siehe Seite 159).

Zusätzlich sollten die Funktionen von Leber, Nieren und Nebennieren geprüft werden. Es ist mölich, dass die chronische Entzündung, zu der jede Autoimmunkrankheit letztlich führt, weiterhin wirkt. Sie ist meist nicht nachweisbar, raubt den Betroffenen aber unverändert Energie. Die akute Phase der Hashimoto-Thyreoiditis mag dann zwar überwunden sein, die Lebenskräfte kehren aber nicht in gewünschter Weise zurück. Den Betroffenen wird dann meist gesagt: „Die Schilddrüsenwerte haben sich normalisiert. Sie müssten gesund sein." Sie sind es aber nicht! In dieser Situation können nach meiner Erfahrung verschiedene Heilmittel aus der anthroposophischen Medizin sehr hilfreich sein. Auf den nächsten Seiten finden Sie verschiedene Vorschläge für solch einen ganzheitlichen Ansatz.

HILFE AUS DER ANTHROPOSOPHISCHEN MEDIZIN

PRÄPARATE ZUM EINNEHMEN

WOFÜR?	WAS?	WARUM HILFT ES?	DOSIERUNG
Bei Eisenmangel	Levico comp., Globuli	Bei Eisenmangel (erkennbar an einem zu niedrigen Ferritinspiegel) werden weniger Schilddrüsenhormone produziert und der TSH-Spiegel, der zunächst noch normal sein kann, steigt an. Zusätzlich kann es zu Kraftlosigkeit kommen, auch weil die Blutbildung beeinträchtigt ist. Basis für das Präparat ist das aus der italienischen Levico-Therme entspringende eisenreiche Wasser. Gepaart mit einem sauren Milieu (niedriger pH-Wert), kann Eisen gut aufgenommen werden.	3 x 10 Globuli täglich unter der Zunge zergehen lassen
	Thyreoidea/ Ferrum, Globuli	siehe oben Hier wird neben der Eisengabe durch das Organpräparat (Thyreoidea) das gesunde Restgewebe zu vermehrter Produktion angeregt.	3 x 10 Globuli täglich unter der Zunge zergehen lassen
In depressiven Phasen	Hypericum Auro cultum Rh D3, Tropfen	Die antidepressive Wirkung des echten Johanniskrauts wird durch eine spezielle Düngung über mehrere Wachstumszyklen verstärkt.	3 x 20 Tropfen täglich
Bei Überfunktion	Colchicum, Tuber Rh D3, Tropfen	In der Anfangsphase einer Hashimoto-Erkrankung, aber auch im weiteren Verlauf kann es vorübergehend zu einer Überfunktion kommen. Vorsicht: Nehmen Sie dieses Medikament aus der Herbstzeitlosen erst nach Rücksprache mit Ihrer Ärztin oder Ihrem Arzt ein.	3 x 10–20 Tropfen täglich

ÄUSSERE ANWENDUNGEN

Der Blutkreislauf ist kein vollständig geschlossenes System. Im Bereich der kleinsten Arterien sickert Blutflüssigkeit in das umgebende Gewebe und wird in der Umgebung kleinster Venen als veränderte Gewebeflüssigkeit wieder in das Kreislaufsystem aufgesogen. Über diesen teilweise offenen Blutkreislauf können äußere Anwendungen wie Wickel, Auflagen, Wechselduschen und Bürstenmassagen auf das Blut einwirken, das die Informationen dann in den Körper weiterträgt. Auch bei Hashimoto wirken einige dieser Anwendungen lindernd und unterstützen die Besserung der Symptome.

▷ Schilddrüsenauflage mit Eisensalbe

Ferrum-metallicum-Salbe (0,4 %) dünn auf ein Baumwolltuch (z. B. ein Stofftaschentuch) streichen. Das Tuch auf die Schilddrüsenregion legen und 15 bis 20 Minuten ruhen. Die Anwendung kann in akut entzündlichen Phasen und bei Überfunktion eingesetzt werden, hilft aber auch bei den klassischen Symptomen wie Kraftlosigkeit und Schwäche.

▷ Bauchwickel mit Melissenöl

Ein etwa 20 x 30 cm großes Baumwolltuch in Melissenöl (z. B. von Wala) tränken und leicht ausdrücken. Auf den Oberbauch legen und anschließend zum Fixieren ein ausreichend großes Tuch um die Körpermitte wickeln. 15 bis 30 Minuten ruhen, auch Schlafen ist erlaubt. Der entspannende Effekt wird über das vegetative Nervensystem erreicht und wirkt damit auch auf die Schilddrüse. Der Wickel hilft ebenso bei innerer Unruhe und Depressionen. Er kann zweimal wöchentlich angewendet werden.

▷ Nierenkompresse mit Schachtelhalm

3 EL getrockneten Schachtelhalm mit 500 ml kaltem Wasser aufkochen und etwa 10 Minuten kochen, dann noch 10 Minuten ziehen lassen, anschließend abseihen. Ein Baumwolltuch (z. B. ein Geschirrtuch), das groß genug ist, um beide Nierenregionen zu bedecken, in dem Sud tränken (Achtung, er sollte nicht zu heiß sein!). Ein großes Badehandtuch auf das Bett legen und die ausgewrungene Kompresse darauf platzieren. Mit dem Rücken darauflegen und 20 Minuten ruhen. Dann die Kompresse entfernen und noch einmal 20 Minuten ruhen. Diese Kompresse entspannt, viele schlafen danach ein. Sie hilft nicht nur, Stress abzubauen, sondern regt auch die Nierentätigkeit an. Deshalb zeigt sie auch bei hartnäckigen Ödemen Wirkung.

GUTES FÜR SEELE UND GEIST: WAS NOCH HILFT

Die Schilddrüse ist der Sitz der Seele, heißt es. Gerade deshalb ist es bei Hashimoto sinnvoll und besonders wirksam, die medizinische Behandlung durch Therapiemethoden zu ergänzen, die das seelische und geistige Wohlbefinden zum Ziel haben. Hier kann die Naturheilkunde der Anthroposophie wertvolle Dienste leisten.

KÜNSTLERISCHE THERAPIEN

Zu den künstlerischen Therapien gehören die Sprach- und Musiktherapie sowie Malen und Plastizieren. In der anthroposophischen Medizin kommt noch die Heileurythmie hinzu. Die Betätigung über die künstlerische Therapie gibt den Patienten die Möglichkeit, sich selbst zu erleben und zu finden. Wichtig: Künstlerische Therapien und Heileurythmie können Sie nur mit ausgebildeten Therapeutinnen oder Therapeuten durchführen.

▷ Beispiel Sprachtherapie

Die Sprachtherapie wird nicht nur zur Behandlung von Sprechstörungen eingesetzt. Sie kann auch bei Krankheitsbildern der inneren Medizin und der Psychosomatik helfen. Es geht um das Ich, das sich konzentriert durch das geformte Wort ausdrückt. Durch die Wirkung auf die Atmung (das gesprochene Wort ist geformte Ausatmung) entsteht eine vertiefte Empfindung und Verbindung mit der eigenen Körperlichkeit. Die Sprachtherapie ist besonders für diejenigen wirkungsvoll, denen es schwerfällt, sich abzugrenzen – eine Eigenschaft, die für Hashimoto-Betroffene typisch ist.

▷ Beispiel Musiktherapie

Ziel dieser Behandlungsmethode ist es, die Ausatmung zu fördern und das Zwerchfell zu lockern. Durch vokalisches Singen überträgt sich ein neuer Rhythmus in die Ein- und Ausatmung, die Atmung wird gelöster und freier. Der neu gewonnene Atemrhythmus kann dabei durch das Spielen einer Leier, eines harfenähnlichen Instruments, und anschließend durch einen Gong verstärkt werden.

PSYCHOTHERAPIE UND BIOGRAFIEARBEIT

Es gibt kaum eine Autoimmunerkrankung, an der nicht auch die Psyche beteiligt wäre. Nach meiner Erfahrung gilt das sowohl für die Entstehung als auch für die Folgen der Krankheitsbilder.

▷ Psychotherapie

Die Seele und die seelische Entwicklung haben einen starken Einfluss darauf, wie sich eine Autoimmunerkrankung ausprägt und wie sie verläuft. Leider hat dies noch keinen Eingang in den medizinischen Alltag gefunden. Doch eine Krankheit, die das eigene Selbst bedroht, wirft viele Fragen auf und hat meist tief liegende Ursachen. Daher ist es sinnvoll, professionelle Hilfe zu suchen und sich psychotherapeutisch begleiten zu lassen.

Welche Form der Psychotherapie für Sie die richtige ist, besprechen Sie am besten mit Ihrer Hausärztin oder Ihrem Hausarzt. Suchen Sie gemeinsam den passenden Psychotherapeuten, denn die meisten sind hoch spezialisiert. Es gibt viele Möglichkeiten: von der Verhaltenstherapie über die Hypnose und Gestalttherapie bis hin zu einer Psychoanalyse und oder Traumatherapie. Was es nicht gibt, ist der einzig richtige Weg oder den einzig richtigen Therapeuten. Deshalb: Bringen Sie sich ein, seien Sie mutig und vereinbaren einen ersten Probetermin! Und wenn Sie im Verlauf merken, dass der eingeschlagene Weg für Sie nicht der passende ist, wählen Sie einfach einen anderen.

▷ Biografiearbeit

Die sogenannte Biografiearbeit ist heute noch wenig bekannt, kann aber gerade bei einer Autoimmunkrankheit sehr hilfreich sein. Dabei wird durch strukturierte Selbstreflexion an Fragen gearbeitet wie: „Woher komme ich?", „Wer bin ich?", „Wohin will ich gehen?" Die Biografiearbeit ersetzt weder eine Psycho- noch eine Traumatherapie, ist aber bestens dazu geeignet, um die eigene Lebensmelodie zu entdecken und seinen Lebensfaden selbstbestimmt in die Hand zu nehmen. Zumindest anfänglich sollten Sie mit einer Therapeutin oder einem Therapeuten zusammenarbeiten, der in der Biografiearbeit ausgebildet ist.

DER UMGANG MIT STRESS

Negativer und nicht verarbeiteter Stress kann einen ungünstigen Einfluss auf das vegetative Nervensystem und die Produktion von Stresshormonen haben. Somit könnte er möglicherweise auch an der Entstehung von Hashimoto beteiligt sein, auf jeden Fall aber beeinflusst er den Verlauf der Erkrankung negativ. Für unsere Urahnen war die sekundenschnelle Produktion von Stresshormonen bei drohender Gefahr lebenswichtig: Nur so konnte uns das vegetative Nervensystem zum Kämpfen oder Fliehen befähigen. Nach überstandener Gefahr waren unsere bedrohten Urahnen erschöpft und konnten sich wieder entspannen. Wir erleben heute diese körperliche Erschöpfung mit anschließender Entspannung allerdings kaum noch. Dafür stehen wir umso häufiger unter seelischem Stress: Zeitmangel, Pflichten, Ärger mit den Vorgesetzten, Geldnot, Schlafstörungen und so weiter. Wir kommen oft überhaupt nicht mehr aus der Stresssituation heraus. Kein Wunder, dass die Balance sowohl im Hormonhaushalt als auch im vegetativen oder autonomen Nervensystem so oft über längere Zeiträume gestört ist.

Unguter Stress lässt sich häufig nicht vermeiden, aber der Umgang mit Stress lässt sich erlernen. Dazu gehört, dem eigenen Tagesverlauf einen Rhythmus zu geben, etwa durch regelmäßiges Wachen und Schlafen sowie geregelte Mahlzeiten. Hilfreich sind außerdem Rituale, die man sich selbst schafft, wie ein abenlicher Rückblick auf den Tag oder Tagebuchschreiben, Achtsamkeits- oder Yogaübungen, Meditation, Qigong, künstlerische Betätigung oder progressive Muskelrelaxation nach Jacobson.

> **i**
>
> **Achtsam duschen**
>
> Eine Achtsamkeitsübung kann schon das morgendliche Duschen sein: Was brauchen oder möchten Sie? Kaltes oder warmes Wasser oder den Wechsel? Einen harten oder weichen Strahl? Soll es ein Schwamm sein, und wenn ja, ein fester? Nehmen Sie Ihren Körper wahr und lassen Sie sich nicht durch Gedanken, die schon im Büro weilen, ablenken. Soll Ihr Handtuch vorgewärmt sein? Wollen Sie sich nach dem Duschen mit einem wohlriechenden Zitronenöl einreiben? Tut es Ihrer Haut gut? Wenn Sie mit Ihrem Körper achtsam sind, ist das eine gute Vorbereitung, um die anstehenden Aufgaben des Tages in Angriff zu nehmen.

MEINE MEDITATION – SO GEHT'S

Der Begriff „Meditation“ stammt vom lateinischen meditatio, was so viel wie nachdenken, nachsinnen, die Mitte finden bedeutet. Ziel ist es, zur Ruhe zu kommen und die Aufmerksamkeit ganz auf das Hier und Jetzt zu lenken. Es gibt viele verschiedene Möglichkeiten zu meditieren. Hier möchte ich Ihnen meine Meditation vorstellen:

- Setzen Sie sich aufrecht auf einen Hocker (ohne Rückenlehne), schließen Sie die Augen und spüren Sie Ihrem Atem nach. Saugen Sie die Luft bei geschlossenem Mund durch die Nase ein und atmen Sie langsam und kontinuierlich wieder durch die Nase aus. Ihre Hände ruhen auf Ihren Oberschenkeln.

- Atmen Sie tief in Ihren Bauch ein, sodass Sie seine Vorwölbung spüren. Spüren Sie dem Luftstrom nach. Dabei erleben Sie, dass Sie sich verstärkt aufrichten, und nehmen einen Strom entlang Ihrer Wirbelsäule von unten nach oben wahr. (Physiologisch ist es tatsächlich so, dass durch den vermehrten Druck im Bauchraum die Rückenmarksflüssigkeit in Richtung Gehirn strömt.) Das machen Sie dreimal. Sie erleben dabei ein Unten/Oben.

- Anschließend atmen Sie dreimal intensiv in Ihren Brustkorb und atmen jeweils langsam wieder aus. Sie erleben dabei ein Links/Rechts.

- Nun atmen Sie durch die Nase in Ihren Kopf und erleben, wie sich der Luftstrom über den gesamten Schädel bis in das Hinterhaupt ausbreitet. Hier erleben Sie ein Vorn/Hinten. Auch das machen Sie wieder dreimal.

- Danach atmen Sie – weiterhin mit geschlossenen Augen – ruhig ein und aus. Dabei lauschen Sie: Was nehmen Sie über den Hörsinn von der Umwelt wahr? Es ist erstaunlich, wie viele Geräusche und Klänge es gibt: das Zwitschern der Vögel, das Trommeln des Regens auf die Fensterscheibe. Aber auch die Stille können Sie hören.

- Zum Abschluss stellen Sie sich einen leuchtenden Stern oberhalb Ihres Kopfes vor. Versuchen Sie, ihn mit geschlossenen Augen „zu sehen“. Diesen Stern führen Sie nun durch Ihre Schädeldecke in den Kopf bis zu den Füßen, die immer noch fest auf dem Boden stehen, weiter durch das Fundament des Hauses in die Erde bis zum Erdmittelpunkt. Dort verglimmt der Stern im Wärmekern der Erde.

Nun öffnen Sie langsam die Augen und atmen dabei ruhig weiter.

Wenn es gut gelungen ist, spüren Sie die Ruhe in sich und die Verbundenheit mit der Umwelt (Himmel) und der Erde. Sie sind erfrischt. Die Übung dauert gut zehn Minuten. Diese Zeit sollten Sie sich nehmen!

SOZIALLEBEN: DAS GESPRÄCH

Wir sind alle soziale Wesen. Fragen Sie sich nur einmal, welche Menschen in Ihrem bisherigen Lebenslauf einen Einfluss auf Sie hatten. Der US-amerikanische Arzt Prof. Dr. Dean Ornish konnte bereits 1990 in einer Studie mittels Herzkatheter nachweisen, dass durch eine Lebensstiländerung sogar die Verkalkungen in den Herzkranzgefäßen rückbildbar sind, wenn folgende fünf Punkte zusammenkommen:

- Verzicht auf Nikotin
- Ernährungsumstellung in Richtung vegetarische Kost
- regelmäßiger Gesundheitssport
- verbesserter Umgang mit Stress
- liebevoller Umgang mit Menschen und soziale Unterstützung

Ein ehrliches und offenes soziales Miteinander ist also eine wesentliche Grundlage für unsere körperliche und seelische Balance. „Was ist herrlicher als Gold?", fragte der König. „Das Licht", antwortete die Schlange. „Was ist erquicklicher als Licht?", fragte jener. „Das Gespräch", antwortete diese. Wie es Goethe in seinem Text „Das Märchen" beschreibt, wird im Gespräch der Mensch am Du zum Ich. Beobachten Sie einmal das wunderbare Wechselspiel zwischen zwei Menschen, die im Gespräch vertieft sind. Der Zuhörende kommt ganz zur Ruhe, lauscht und ist bei seinem Gegenüber. Der Redende drückt sich aus, kleidet seine Gedanken und Gefühle in Worte. Oft finden wir erst im Dialog mit anderen zu uns. Eine Gesprächskultur für die Zukunft zu entwickeln, ist eine gemeinsame Aufgabe von Ihnen, Ihrer Ärztin und Ihrem Therapeuten, denn sie ist Grundlage und Ausgangspunkt für jede Behandlung und Heilung.

SCHLAFEN SIE GUT

Menschen mit einer Hashimoto-Thyreoiditis sind tagsüber häufig müde und antriebslos. Oft kommen Ein- und/oder Durchschlafstörungen hinzu. Etwa ein Drittel unseres Lebens verschlafen wir. Und das ist gut so. Denn in diesen Phasen regeneriert unser Körper und wir gewinnen neue Lebensenergie. Sorgen Sie daher für guten Schlaf. Ein Bett mit guter Matratze und ein bequemes Kopfkissen sind die Basis dafür. Verbannen Sie alles aus Ihrem Schlafzimmer, was unnötig ist und ablenkt. Dazu gehören insbesondere elektronische Geräte wie Fernseher und Smartphone. Ebenfalls wichtig ist eine ausreichende Frischluftzufuhr und dass es im Zimmer dunkel und nicht zu warm ist. Optimal ist eine Schlaftemperatur von 18 Grad.

Sie selbst können auch etwas für einen gesunden Schlaf tun: Achten Sie auf einen festen Schlaf-wach-Rhythmus, indem Sie überwiegend zur gleichen Zeit ins Bett gehen und aufstehen – auch am Wochenende. Zu spätes Essen belastet den Schlaf, deshalb sollte die letzte größere Mahlzeit mindestens drei bis vier Stunden zurückliegen. Und vor dem Schlafengehen einen Krimi anzuschauen, ist sicher auch nicht hilfreich – machen Sie besser abends einen Spaziergang. Sportliche Aktivitäten sorgen ebenfalls für eine angenehme Müdigkeit, allerdings sollten sie am frühen Abend beendet sein. Um vor dem Zubettgehen innerlich zur Ruhe zu kommen, helfen kleine Rituale: Lesen Sie ein gutes Buch, entspannen Sie bei Musik oder lassen Sie die schönen Momente des Tages noch einmal Revue passieren.

KOMMEN SIE IN BEWEGUNG

Für Menschen mit Hashimoto sind Sportarten wie Pilates, Walken, Wandern, Schwimmen, Radfahren und leichtes Krafttraining besonders geeignet. Sie tragen nicht nur zu einer besseren Schlafqualität bei, indem sie physisch und mental erschöpfen, sondern sorgen auch für Entspannung. Schließlich werden dabei nicht nur Stresshormone abgebaut, sondern zusätzlich auch vermehrt Glückshormone (Endorphine) freigesetzt. Das steigert das Wohlbefinden, Depressionen werden gelindert.

Die Weltgesundheitsorganisation (WHO) empfiehlt für Erwachsene pro Woche mindestens 150 bis 300 Minuten moderate Ausdauerbelastungen oder mindestens 75 bis 150 Minuten intensive körperliche Belastungen. An zwei oder mehr Tagen der Woche sollten alle größeren Muskelgruppen trainiert werden. Versuchen Sie, die Zeiten, in denen Sie sitzen, zu reduzieren und durch Bewegung aufzulockern. Bei über 65-Jährigen sind Gleichgewichtsübungen und spezielles Krafttraining zu empfehlen. Beides hilft, Stürze zu vermeiden. Zusätzlich stärkt regelmäßige körperliche Aktivität das Herz-Kreislauf-System, sie senkt den Blutdruck und hilft beim Abnehmen. Auch das Immunsystem profitiert davon, wenn wir uns bewegen, weil dann vermehrt Abwehrzellen produziert werden. Aber Achtung: Hören Sie bei allen Tätigkeiten auf Ihren Körper und vermeiden Sie Überlastungen. Sie bedeuten nur erneuten Stress und können so zu einer Überstimulation von Schilddrüse und Nebennieren führen.

Die positiven Effekte von Bewegung werden unterstützt, wenn Sie an der frischen Luft aktiv sind. Dann verbessert sich nicht nur Ihre Sauerstoffversorgung, Sie erleben auch den Lichtwechsel, nehmen die Jahreszeiten bewusst wahr und spüren das Wetter.

DIE ERNÄHRUNG: HEILENDE WIRKUNG MIT GENUSS

Das A und O einer gesunden Ernährung bei Hashimoto: das Darmmikrobiom mit einer antientzündlichen Ernährung stärken, nach den Prinzipien der Mittelmeerküche genießen und Gewicht verlieren. Mit diesen Regeln wird es Ihnen besser gehen – und das ganz ohne Nebenwirkungen.

Über die Art, wie wir uns ernähren, entscheiden wir tagtäglich, welche Stoffe wir unserem Körper zuführen und welche nicht. Kalorienreiche, aber mit wenig wertvollen Nährstoffen ausgestattete Nahrungsmittel wie Fast Food, Süßigkeiten, Frittiertes, Fertiggerichte und Co. tragen zwar zu unserer Energieversorgung bei (und das leider mehr, als uns lieb ist), sie liefern unserem Körper aber viel zu wenig von den wertvollen Wirkstoffen, die er braucht, um gut versorgt und funktionstüchtig zu sein. Welche Folgen eine solche Ernährung hat, ist längst bekannt: Sie macht auf Dauer krank. Studien zeigen, dass etwa 80 Prozent unserer Krankheiten durch falsche Ernährung verursacht oder verschlimmert werden.

ERNÄHRUNG ALS MEDIZIN

Eine schlechte Ernährung fördert Entzündungsreaktionen im Körper, verursacht Mangelzustände und kann Unverträglichkeiten hervorrufen. Zu viel Fett und zu viel Zucker führen außerdem dazu, dass wir immer mehr Kilos zulegen und sogar unsere Organe verfetten. So schlittern wir unweigerlich in ein fatales Stoffwechselchaos, das ganze Krankheiten-Cocktails wie das metabolische Syndrom mit Fettleibigkeit, Bluthochdruck, Fettstoffwechselstörungen, Insulinresistenz und in der Folge Diabetes Typ 2 im Gepäck hat. Zum Glück bewirkt eine ausgewogene, gesunde Ernährung genau das Gegenteil: Sie kann Entzündungsreaktionen eindämmen, den Körper mit allen wichtigen Nährstoffen in der erforderlichen Menge versorgen, Unverträglichkeiten verhindern und uns helfen, unser Gewicht zu halten. Individuell an ein Krankheitsbild angepasst, kann sie sogar heilend wirken. Das gilt bei einer Hashimoto-Thyreoiditis, die von chronischen Entzündungsreaktionen geprägt ist, ganz besonders.

Eine Frage des Lebensstils

Ob eine Krankheit ausbricht, hängt nur zu zehn, maximal 20 Prozent von unseren Genen ab. Den Rest haben wir mehr oder weniger selbst in der Hand: durch unseren Lebensstil, also dadurch, wie viel wir uns bewegen, wie wir mit Stress umgehen, ob wir rauchen oder Alkohol trinken, wie unsere Schlafgewohnheiten und sozialen Beziehungen sind – und nicht zuletzt, was wir essen. Mit unserer Ernährung beeinflussen wir den ganzen Körper und damit auch unser Immunsystem. In welch hohem Maß dieses zur Gesundheit beiträgt, wird bei Autoimmunerkrankungen wie der Hashimoto-Thyreoiditis besonders deutlich. Seine Stärkung verbessert zugleich die Unterfunktion der Schilddrüse und die daraus folgenden Symptome.

WIE DIE VERDAUUNG FUNKTIONIERT

Wie gesund und leistungsstark das Immunsystem ist, bestimmt neben der Ernährung auch die Darmfunktion. Schauen wir uns deshalb an, was eigentlich bei der Verdauung passiert: In Magen und Dünndarm wird die Nahrung in ihre Grundbausteine zerlegt: Aus Kohlenhydraten werden Einfachzucker wie Glukose und Fruktose, aus Fetten Fettsäuren und Glycerin, aus Eiweißen Aminosäuren. Erst diese winzigen Bausteine können durch die Darmwand ins Blut und zu unserem zentralen Stoffwechselorgan, der Leber, transportiert werden.

Es dauert neun bis zehn Stunden, bis dieser Prozess abgeschlossen ist. Die unverdaulichen Reste gelangen in den Dickdarm, wo ihnen in den nächsten 25 bis 30 Stunden Wasser und Mineralstoffe entzogen werden und der Speisebrei für die Ausscheidung vorbereitet wird.

Soweit zum rein „technischen" Vorgang der Verdauung. Der Dickdarm hat darüber hinaus aber noch eine Besonderheit zu bieten, deren Bedeutung zwar erst relativ kurz bekannt ist, die in der letzten Zeit aber immer deutlicher zutage tritt: Er beherbergt das Mikrobiom, dessen Zusammensetzung stark davon abhängig ist, wie wir uns ernähren.

Wunderwerk Mikrobiom

Bis vor Kurzem nannte man die Besiedlung des Darms mit Mikroorganismen noch „Darmflora", weil man bei deren Entdeckung dachte, sie gehöre ins Pflanzenreich. Heute wissen wir es besser: Das Mikrobiom ist unsere eigene interne Megametropole, die sich aus Billionen verschiedener Mikroorganismen zusammensetzt. Eine Multikultigemeinschaft aus Pilzen, Viren und Bakterien, wobei Letztere bei Weitem den größten Anteil ausmachen. Und wie in jeder Megacity ändert sich die Zusammensetzung der Bevölkerung permanent – abhängig von äußeren und inneren Einflüssen. Der Mensch ist ein „offenes System".

Ähnlich einem Fingerabdruck ist jedes Mikrobiom einzigartig. Bei keinen zwei Menschen ist es komplett identisch. Der größte Teil dieser Kleinstorganismen bewohnt insbesondere den Dickdarm, wo er wichtige Aufgaben bei der Verdauung und im Immunsystem übernimmt. Obwohl sie einen anderen Ruf haben, sind uns die meisten Bakterien wohlgesonnen und für unsere Gesundheit unverzichtbar. Die Besiedlung mit ihnen beginnt bereits während des Geburtsvorgangs und entwickelt sich unser ganzes Leben lang weiter. Und es entsteht nicht nur ein Darmmikrobiom, sondern auch ein Hautmikrobiom, ein Vaginalmikrobiom etc. Sie alle sind in manchen Bereichen recht stabil, unterliegen aber den Einflüssen durch Alter, geografische Lage, Stress, Medikamente und insbesondere durch die Nahrung.

Im Jahr 2012 gelang es erstmals, sämtliche Gene eines menschlichen Mikrobioms vollständig zu entschlüsseln. Und auch wenn seitdem fast schon fieberhaft an der Enträtselung seiner Aufgaben geforscht wird, sind noch immer viele Fragen offen. Doch je mehr wir über die bisher unbekannten Funktionen des Mikrobioms wissen, desto mehr lernen wir es kennen und desto mehr wird uns seine Bedeutung für den ganzen Organismus bewusst.

Steckbrief Darmmikrobiom

- *Gewicht:* ein bis zwei Kilogramm
- *Größe:* zehnmal mehr Zellen als der menschliche Körper hat
- *Zusammensetzung:* zehn bis 100 Billionen Mikroorganismen; davon 99 Prozent Bakterien, der Rest Viren und Pilze
- *Varianz:* Stand heute etwa 1500 verschiedene Bakterienarten. Europäer beherbergen im Durchschnitt 200 bis 300 Arten, bei Naturvölkern können es doppelt so viele sein.
- *Charakteristik:* die Vielfalt (Diversität) der Bakterien, die in der Zusammensetzung und Funktion ganz individuell sind. Die Balance spielt bei vielen Krankheiten eine Rolle. Allerdings gibt es nicht die eine gesunde Zusammensetzung. Viele verschiedene Darmmilieus können die Gesundheit fördern.
- *Warnhinweis:* Eine reduzierte Vielfalt (Dysbiose) weist darauf hin, dass etwas im Körper nicht stimmt. Bei Patienten mit einer chronisch-entzündlichen Darmerkrankung sind nur noch 30 bis 50 verschiedene Bakterienarten nachweisbar.

Die vielfältigen Aufgaben des Mikrobioms

In einer gut organisierten Metropole sorgt die Gemeinschaft der Bewohner dafür, dass alles reibungslos abläuft. Ob Produktion, Verwaltung oder Abfallbeseitigung: All diese Aufgaben sind auch in unserer Darm-„Megacity“ vergeben. Solange das Mikrobiom vielfältig und ausgeglichen ist und jeder seinen ihm zugedachten Auftrag erfüllt, ist die Basis dafür gegeben, dass der Körper funktioniert und wir gesund bleiben. Zu den Aufgaben zählen:

- Förderung der Verdauung
- Anregung der Darmbewegung
- Verstoffwechselung schwer verdaulicher Ballaststoffe
- Abbau von Medikamenten und körpereigenen Substanzen wie Gallensäuren
- Produktion von Aminosäuren, Botenstoffen, Enzymen und kurzkettigen Fettsäuren, die unter anderem vor Entzündungen schützen
- Produktion von Vitaminen wie Thiamin (Vitamin B1), Riboflavin (Vitamin B2), Cobalamin (Vitamin B12) und Vitamin K
- Einfluss auf den Hormonhaushalt, z. B. auf die Produktion des Glückshormons Serotonin und des Schlafhormons Melatonin
- Entzündungshemmung

Ein Bollwerk gegen Entzündungen

Durch eine schützende Mikrobenschicht, die sich über die Darmwand legt, dämmt das Mikrobiom Entzündungen ein oder kann sie sogar verhindern. Auch deshalb spielt ein intaktes Mikrobiom bei Hashimoto so eine große Rolle. Die von den Darmbakterien produzierte kurzkettige Fettsäure Butyrat (Buttersäure) wirkt zusätzlich entzündungshemmend. Die kurzkettigen Fettsäuren haben allerdings noch eine weitere wichtige Funktion: Sie sind maßgeblich an der Durchblutung und Energieversorgung der Darmzellen beteiligt, die einen schützenden Schleim bilden. Durch ihn wird eine chronische Entzündung der Darmwand verhindert, die wiederum die Gefahr einer vermehrten Durchlässigkeit, eines Leaky-Gut-Syndroms, bergen kann. In diesem Fall können Fremdstoffe wie etwa krank machende Bakterien in die Blut- und Lymphbahnen dringen und in der Folge auch an anderen Orten im Organismus eine chronische Entzündung fördern, beispielsweise in der Schilddrüse.

Die guten Darmbakterien, auch darmassoziiertes lymphatisches Gewebe (GALT) genannt, regulieren außerdem das Immunsystem. Als größtes Immunorgan des Körpers beherbergt

SCHUTZSCHILD DER DARMWAND

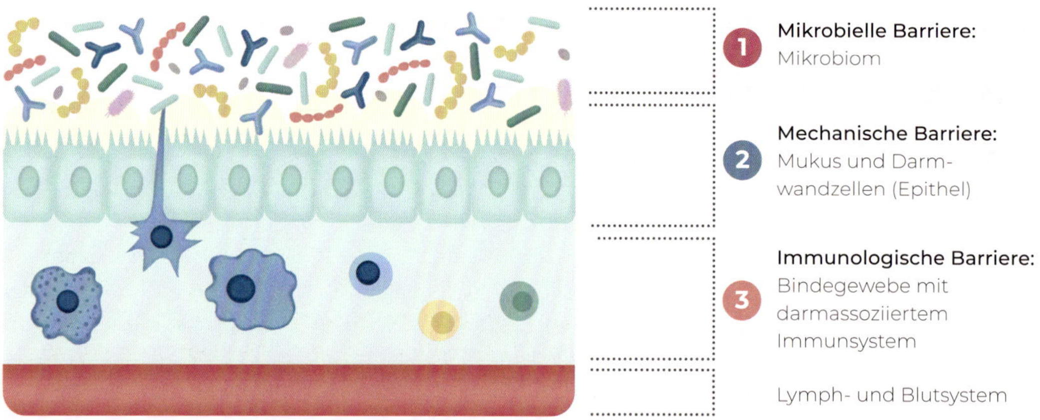

der Darm nämlich 70 bis 80 Prozent der gesamten menschlichen Immunzellen. Über die Auseinandersetzung mit den Eindringlingen, die über die Nahrung aufgenommen werden, lernen die Immunzellen ständig weiter. Es ist also wichtig, dass wir unser Immunsystem auf diese Weise schulen. Wenn genug gute Bakterien zur Verfügung stehen, läuft die Kommunikation mit den Immunzellen rund: Sobald die Bakterien einen gefährlichen Eindringling feststellen, melden sie ihn den Immunzellen, die daraufhin aktiv werden. Die Darmbakterien helfen dem Immunsystem, zwischen „fremd" und „selbst" zu unterscheiden. Kommt das Immunsystem aber bei übertriebener Hygiene mit weniger Umweltbakterien in Kontakt, wird es schwächer und faul. Dann steigt auch die Gefahr für Autoimmunkrankheiten.

Die (Mikrobiom-)Darm-Hirn-Achse

Der Darm arbeitet unabhängig vom Gehirn und wird über ein eigenes Nervensystem, das enterische Nervensystem (ENS), auch als „Bauchhirn" bezeichnet, versorgt. Völlig autark ist das ENS aber nicht, vielmehr steht es in ständigem Kontakt mit dem zentralen Nervensystem (ZNS). Größtenteils werden dabei Informationen aus dem Darm zum Gehirn übermittelt, etwa wenn Entzündungen vorliegen, wir etwas Verdorbenes gegessen haben oder der Magen gefüllt ist. Die Vermittlung geschieht über Botenstoffe, sogenannte Neurotransmitter.

Auch die sogenannte Darm-Hirn-Achse dient unter anderem dazu, die Funktion des Immunsystems zu verbessern. Die Achse lässt sich um das Mikrobiom erweitern, zur Mikrobiom-Darm-Hirn-Achse. Denn als wichtige Komponente des Bauchhirns produzieren die Bakterien darin Botenstoffe wie kurzkettige Fettsäuren und hormonähnliche Substanzen, die der Kommunikation zwischen ENS und ZNS dienen. Das Darmmikrobiom hat damit direkte und indirekte Effekte auf unsere Stressresistenz, Emotionen und Schmerzwahrnehmung. Es ist mittlerweile wissenschaftlich erwiesen, dass die Ernährung auch die Psyche beeinflusst.

DAS SCHMECKT DEM MIKROBIOM

Wenn das Darmmikrobiom bei der Ausbildung des Immunsystems eine derart wichtige Rolle spielt und wenn es den Hormonhaushalt und damit auch die Schilddrüse so stark beeinflusst, sollten wir selbstverständlich besonders viel Wert darauf legen, es gesund zu halten. Hierfür sind neben der Balance, also dem ausgewogenen Verhältnis, der Darmbakterien auch deren Diversität, also die Vielfalt, die entscheidenden Stichworte. Den stärksten Einfluss darauf hat die Ernährung.

▷ Ballaststoffe

Futterquelle Nummer eins für das Mikrobiom sind Ballaststoffe. Weil diese Nahrungsbestandteile durch die Enzyme im Dünndarm nicht oder nur teilweise abgebaut werden können, landen sie unverdaut oder nur unvollständig verdaut im Dickdarm. Lange Zeit dachte man deshalb, sie seien tatsächlich nichts weiter als unnützer Ballast für den Körper – so kamen sie zu ihrem Namen. Dabei ist genau das Gegenteil der Fall: Ballaststoffe erfüllen sogar gleich mehrere Aufgaben im Verdauungsgeschehen. Da sind zum einen die unlöslichen Ballaststoffe, wie sie vorwiegend in Hülsenfrüchten und Vollkornprodukten vorkommen. Sie verlangsamen durch ihre faserige Beschaffenheit die Transitzeit der Nahrung durch den Darm und reinigen ihn damit wie mit Bürstchen. Weil unlösliche Ballaststoffe außerdem aufquellen, also Wasser aufnehmen können, erhöhen sie das Volumen im Darm. Das hält nicht nur länger satt, sondern massiert den Darm auch gut durch und beugt so Verstopfungen vor. Außerdem werden Schadstoffe gebunden, die dann abtransportiert und ausgeschieden werden können. Die löslichen Ballaststoffe dagegen, wie Inulin und Pektin, die insbesondere in Gemüse und Obst stecken, dienen den Darmbakterien als Nahrung und werden daher auch Präbiotika genannt. Sie stärken das Immunsystem und

reduzieren chronische Entzündungen, indem die guten Bakterien des Mikrobioms durch Fermentierung gesunde kurzkettige Fettsäuren (z. B. Buttersäure, Essigsäure und Propionsäure) aus ihnen produzieren.

Ballaststoffe kommen in natürlicher Form fast ausschließlich in pflanzlichen Lebensmitteln und Pilzen vor. Sie bestehen überwiegend aus schwer verdaulichen Kohlenhydraten. Was die guten Darmbakterien ganz besonders lieben, ist die erst vor Kurzem entdeckte resistente (also unverdauliche) Stärke. Sie entsteht insbesondere, wenn gegarte Ballaststofflieferanten wie Vollkornreis, Nudeln und Kartoffeln vor dem Verzehr zwölf Stunden abgekühlt sind. Danach als Salat, gebraten oder nochmals gegart genossen, sind sie nicht nur bei den Darmbakterien beliebt, sondern wirken sich auch kaum auf den Blutzuckerspiegel aus.

Die Empfehlung lautet, täglich mindestens 30, besser noch 40 Gramm Ballaststoffe aufzunehmen. Die Realität sieht jedoch anders aus: Im Durchschnitt nimmt jeder Erwachsene in Deutschland täglich nur 18 bis 20 Gramm zu sich.

Die besten Ballaststofflieferanten

Wenn Sie täglich drei Handvoll Gemüse, zwei Handvoll Obst und eine Handvoll Nüsse und Samen verzehren und oft zu Vollkorngetreide und Kartoffeln greifen, sind Sie in Sachen Ballaststoffversorgung auf der sicheren Seite. Gute Quellen sind:

- **Gemüse:** Rosenkohl, Weißkohl, Schwarzwurzeln, Fenchel, Topinambur, Möhren, Brokkoli, Artischocken
- **Hülsenfrüchte:** Bohnen, Kichererbsen, Linsen, Edamame, Erbsen
- **Nüsse und Samen:** Top ist vor allem geschroteter Leinsamen, der 22 Gramm Ballaststoffe pro 100 Gramm enthält.
- **Obst:** Rhabarber sowie Birnen und Äpfel mit Schale
- **Pilze:** Pfifferlinge, Steinpilze
- **Getreide:** Vollkorn und daraus hergestellte Produkte wie Brot, Brötchen und Teigwaren. Gegarte Hartweizennudeln enthalten nur 2 Gramm Ballaststoffe pro 100 Gramm, Vollkornnudeln 5 Gramm.

▷ Bitterstoffe

Auch Bitterstoffe aus Rucola, Endivie, Radicchio, Chicorée, Artischocke, Rosenkohl und Kräutern (z. B. Salbei und Löwenzahn) regen die Darmmobilität und Bildung von Verdauungssäften an. Sie regulieren den Appetit und stoppen Heißhungerattacken, insbesondere bei Zuckersucht. Sie sind wirksam gegen den krankheitserregenden Pilz Candida albicans, der sich von Zucker ernährt, und sorgen für eine größere Bakterienvielfalt des Darmmikrobioms. Auf diese Weise stärken sie auch das Immunsystem. Zusätzlich können sie dabei helfen, den Cholesterinspiegel zu senken, sie aktivieren den Stoffwechsel und fördern eine gute Verdauung.

▷ Probiotika

Probiotische Lebensmittel, auch Probiotika genannt, sind Lebensmittel, die lebende, für uns vorteilhafte Darmbakterien enthalten. Sie verdrängen die ungesunden und unterstützen die vorhandenen gesunden Darmbakterien. Von diesen kennen wir etwa 400 verschiedene, am häufigsten sind die Milchsäurebakterien.

Die besten natürlichen Probiotika

Probiotika kommen natürlicherweise in milchsauer vergorenen Lebensmitteln wie Joghurt, Kefir, Buttermilch und Käse, ebenso in Sauerkraut, Kimchi oder Miso vor. Einige können sogar Abwehrstoffe gegen Krankheitserreger bilden.

▷ Ausreichend Flüssigkeit

Unser Mikrobiom ist nur dann gesund, wenn die Darmschleimhaut gesund ist – und umgekehrt. Weil dafür auch Flüssigkeit benötigt wird, sollten Sie viel trinken, mindestens 1,5 bis zwei Liter am Tag. Als Faustregel gilt: 0,03 Liter pro Kilogramm Körpergewicht. Am besten sind Wasser (gerne Leitungswasser) und ungesüßte Kräutertees wie Pfefferminz-, Kamillen-, Fenchel-, Kurkuma-, Anis-Kümmel-Fenchel- oder Löwenzahntee. Diese Kräuter und Gewürze können teilweise chronische Entzündungen reduzieren sowie die Darm- und Lebertätigkeit anregen. Alkohol sollten Sie meiden! Eine gesunde Menge daran gibt es nicht, auch wenn das gerne diskutiert wird. Kaffee, der sonst in Maßen als gesund gilt, ist bei Hashimoto nur sehr eingeschränkt empfehlenswert (siehe Seite 55).

Das schadet dem Mikrobiom

So wie einige Stoffe das Mikrobiom fördern, können andere ihm – und damit automatisch auch dem Immunsystem – schaden. Größere Mengen Zucker etwa (mehr als 25 Gramm am Tag), insbesondere Fruktose, etwa in Maissirup, tun ihm nicht gut. Fruchtzucker kann in größeren Mengen sogar unser zentrales Stoffwechselorgan, die Leber, schädigen und zu einer Fettleber führen. Eine gesunde Leber ist aber wichtig für die Umwandlung von T4 in T3, bis zu 60 Prozent davon finden dort statt. Zudem produziert die Leber diejenigen Proteine, die die Schilddrüsenhormone im Blut transportieren. Was ebenfalls ungünstig ist für unsere Darmbewohner, sind die üblichen Verdächtigen wie Alkohol, Fertiggerichte, Fast Food, Süßstoffe und stark verarbeitetes Fleisch. Sie schwächen die guten Darmbakterien, stärken die schlechten und provozieren Entzündungen.

Neben der Ernährung beeinflussen auch eine übertriebene Hygiene, starker Stress, schlechter Schlaf, mangelnde Bewegung und die häufige Einnahme von Antibiotika das Mikrobiom ungünstig. Auch andere Medikamente wie Hormonpräparate, Protonenpumpenhemmer oder Statine können dem Darm schaden. Ist die Diversität des Mikrobioms erst einmal verringert, hat das auch Einfluss auf die Schilddrüsenhormone, vor allem auf TSH. Es gibt Hinweise darauf, dass eine unausgeglichene Zusammensetzung des Mikrobioms sogar eine Schilddrüsenunterfunktion auslösen kann. Um dies sicherzustellen, sind aber noch weitere wissenschaftliche Untersuchungen nötig.

DIE MEDITERRANE ERNÄHRUNG UND WIE SIE WIRKT

Die traditionelle Mittelmeerkost schmeckt nicht nur gut – sie kann uns auch vor Krankheiten schützen! Zu Recht zählt man sie zu den gesündesten Ernährungsweisen der Welt. Der Grund: Sie besteht zum größten Teil aus pflanzlichen Lebensmitteln, die eine antioxidative, blutzuckerregulierende und vor allem antientzündliche Wirkung haben.

Wie gut uns die Mittelmeerkost tut, ist mittlerweile bestens untersucht und durch zahlreiche groß angelegte Studien belegt. So konnte etwa die spanische Predimed-Studie aus dem Jahr 2016 ein verringertes Risiko für Herz-Kreislauf-Erkrankungen nachweisen. Andere wissenschaftliche Untersuchungen zeigen eine verminderte Gefahr für Arteriosklerose, Diabetes Typ 2 und Brustkrebs. Die mediterrane Ernährung wirkt aber nicht nur vorbeugend, sie hilft auch bei bestehenden Krankheiten, darunter z. B. eine Unterfunktion der Schilddrüse. Sie ist damit die wahrscheinlich köstlichste Medizin, die wir haben.

Die Mittelmeerküche bietet mit Ballaststoffen und Probiotika genau die Nahrung, die unser Darmmikrobiom bei Laune hält. Aber nicht nur das: Viele ihrer Zutaten sind auch für ihre antientzündliche Wirkung bekannt. Die mediterrane Küche ist reich an antioxidativ wirksamen Zutaten wie frischem Gemüse und Obst, Hülsenfrüchten, Kräutern und Gewürzen. Fisch, Olivenöl und Nüsse sind Toplieferanten für gesunde Fette, die auch beim Abnehmen helfen können. Entzündungsfördernde Zutaten wie Fleisch und Wurst spielen dagegen eher eine untergeordnete Rolle.

Es kommt übrigens nicht darauf an, dass die verwendeten Produkte in den Mittelmeerländern heimisch sind. In unseren Breitengraden sind diese teilweise ersetzbar durch regionale und saisonal erhältliche frische Produkte, die ebenso viele gute Inhaltsstoffe besitzen. Und statt Olivenöl kann für die kalte Küche beispielsweise Leinöl eingesetzt werden.

Wie die mediterrane Ernährung wirkt

Ein Schwerpunkt bei der Behandlung von Hashimoto ist die Bekämpfung von Entzündungen. Sie können durch innere und äußere Einflüsse entstehen – und zwar immer dann, wenn zu viele freie Radikale gebildet werden. Man spricht dann von oxidativem Stress. Freie Radikale entstehen permanent durch verschiedene Stoffwechselprozesse in unseren Zellen. Weil diese Sauerstoffverbindungen ungepaarte Elektronen besitzen, sind sie bestrebt, anderen Atomen und Molekülen ein Elektron zu stehlen, um ein energetisches Gleichgewicht zu erreichen. Dadurch sind sie sehr aggressiv und reaktionsfreudig – daher ihr Name. Freie Radikale können sich auch durch vielfältige äußere Einflüsse bilden, dazu gehören UV-Strahlen, Rauchen (auch passiv), Alkohol, extreme körperliche Arbeit, Schadstoffe, eine falsche Ernährung, Medikamente, Alter und psychischer Stress (wie Depression). Wenn nicht genügend körpereigene Antioxidanzien wie beispielsweise Glutathion und DNA-Reparaturen vorhanden sind, können freie Radikale erhebliche Schäden in nahezu allen Stoffwechselvorgängen anrichten, Entzündungen auslösen und sogar unser Erbgut schädigen.

Gerade für Hashimoto-Betroffene ist es wichtig, sich vor Einflüssen zu schützen, die weitere Entzündungen provozieren. Stressreduktion und ein gesunder Lebensstil sind hier eine wirkungsvolle Prophylaxe. Besondere Wirkstoffe in der Nahrung, etwa Antioxidanzien (siehe Seite 50 f.) und gesunde Fettsäuren, wirken lindernd. Gleichzeitig schützen uns solche antientzündlich wirksamen Stoffe nicht nur vor oxidativem Stress von innen und außen, sondern auch

vor chronischen Entzündungen, die durch das eigene Immunsystem hervorgerufen werden. Im Fall von Hashimoto liegt dazu noch ein besonderes Augenmerk auf einigen Inhaltsstoffen, die ein antientzündliches Potenzial besitzen, und auf Spurenelementen, die für die Schilddrüse eine entscheidende Rolle spielen: Selen, Zink, Eisen und Jod (siehe Seite 30). Wird all dies beachtet, kann es bei Hashimoto keine bessere Ernährungsweise geben als die mediterrane Ernährung.

Die heilsame Wirkung der mediterranen Ernährung lässt sich zudem noch steigern, wenn wir uns auch etwas von der Art abschauen, wie in den Mittelmeerländern gespeist wird: in geselliger Gemeinschaft, mit Ruhe, Zeit und Genuss. Zudem unterstützt eine gesunde Lebensweise mit moderater Bewegung oder Sport die positive Wirkung der Mittelmeerkost.

▷ Antioxidanzien

Für Hashimoto-Betroffene ist es besonders wichtig, sich an den Prinzipien einer antientzündlichen Ernährung zu orientieren. Das bedeutet, möglichst viele Antioxidanzien aufzunehmen, die zu den wichtigsten antientzündlichen Substanzen überhaupt gehören. Aber wo findet man diese Wunderstoffe? Manchmal werden wir direkt mit der Nase darauf gestoßen, beispielsweise wenn wir den herrlichen Duft von Kaffee wahrnehmen, der viele antioxidative Stoffe besitzt. Aber Vorsicht bei Hashimoto, hier ist maßvoller Genuss wichtig (siehe Seite 55). Auch das Auge isst mit: Dunkelblaue Heidelbeeren oder saftige rote oder orangefarbene Früchte, wie beispielsweise reife Himbeeren, Johannisbeeren oder Erdbeeren, Paprika oder Äpfel, locken uns mehr als eine unreife Erdbeere, eine grüne Paprika oder ein grüner Apfel es vermag. Auch das liegt an den antioxidativen Stoffen, in diesem Fall sind es die Pflanzenfarbstoffe selbst. Unsere Sinne sind also teilweise von Natur aus darauf programmiert, besonders antioxidanzienreiche Lebensmittel zu erkennen und zu bevorzugen. Zu den Antioxidanzien gehören:

- Vitamine wie Vitamin A, C und E
- Mineralstoffe und Spurenelemente wie Selen, Zink, Eisen, Magnesium und Mangan
- sekundäre Pflanzenstoffe wie Polyphenole, Carotinoide, Phytosterole, Phytoöstrogene, Sulfide und Glucosinolate

All diese Stoffe finden wir in Pflanzen, die sie bilden, um sich selbst vor oxidativem Stress zu schützen, der ihnen durch die UV-Strahlung, aber auch durch Parasiten, Viren, Bakterien, Pilze und andere (Fraß-)Feinde droht. Pflanzen produzieren also genau den Schutz für sich, den auch wir brauchen, sie liefern ihn uns praktisch frei Haus und sind deshalb natürliche Medizin für uns. Wie aber funktioniert das? Antioxidanzien sind sogenannte Radikalfänger: Sie fangen die hochreaktiven Oxidanzien ein, indem sie sich an sie binden, und machen sie damit unschädlich.

In welchen Lebensmitteln stecken Antioxidanzien?

Es sind also – wie wir wissen – hauptsächlich Gemüse und Obst, die reich an Antioxidanzien sind. Auch in Kakao, Gewürzen (z. B. Zimt, Ingwer, Pfeffer, Kurkuma, Chili, Kreuzkümmel), Kräutern, Nüssen, Hülsenfrüchten, Kaffee und Tee findet man sie mehr oder weniger reichlich. In tierischen Lebensmitteln kommen sie dagegen eher selten vor. Das Beste aber: Lebensmittel, die reich an Antioxidanzien sind, bieten zudem noch viele weitere gesundheitliche Vorteile. Gemüse und Obst etwa liefern reichlich Vitamine, Spurenelemente, Mineral- und Ballaststoffe. Hülsenfrüchte haben einen besonders hohen Ballaststoffgehalt und sind dazu reich an gesundem Protein. Nüsse und Samen punkten mit wertvollen ungesättigten Fettsäuren. Gerade Letztere können beim Eindämmen von Entzündungen eine große Rolle spielen (siehe nächste Seite). Was will man mehr?

GUTE QUELLEN FÜR ANTIOXIDANZIEN

ANTIOXIDANS	EMPFOHLENE ZUFUHR PRO TAG	ENTHALTEN IN ...
Vitamin C	95 mg (Frauen) 110 mg (Männer)	Johannisbeeren, Erdbeeren, Paprika, Grünkohl, Rosenkohl, Sanddorn, Zitronen
Vitamin E	12 mg (Frauen) 14 mg (Männer)	Weizenkeimöl, Rapsöl, Erdnüssen, Haselnüssen, Mandeln, Sonnenblumenkernen
Selen	60 µg (Frauen) 70 µg (Männer)	Pilzen, Paranüssen, (Wild-) Lachs, Garnelen, Weizengras
Zink	7–10 mg (Frauen) 11–14 mg (Männer)	Austern, Käse, Linsen, Rindfleisch, Haferflocken
Eisen	15 mg (Frauen) 10 mg (Männer)	Fleisch, Nüssen und Samen, Pfifferlingen, Haferflocken, Hirse
Carotinoide (Retinol-Äquivalente)	0,8 mg (Frauen) 1 mg (Männer)	Möhren, Süßkartoffeln, Tomaten, Aprikosen, Fenchel, Petersilie
Polyphenole	(keine offizielle Empfehlung)	Kakaopulver, Bitterschokolade, Nelken, Sternanis, Heidelbeeren, Kirschen, Zimt, Ingwer, Pfeffer, Kurkuma

▷ **Ungesättigte Fettsäuren**

Salate nur mit etwas Zitronensaft angemacht, Spiegeleier in Mineralwasser gebraten – glücklicherweise ist die Furcht vor Fett, die vor ein paar Jahrzehnten fatalerweise noch dazu führte, dass man „fettfrei“ mit „gesund“ gleichsetzte, vorbei. Dass Fett nicht gleich Fett ist, das ist mittlerweile bekannt – genauso wie die positiven Effekte ungesättigter Fettsäuren auf die Gesundheit. Die Unterscheidung zwischen gesättigten und ungesättigten Fettsäuren lässt sich schon durch einfaches Hinsehen treffen: Während die Lebensmittel, die vorwiegend gesättigte Fettsäuren enthalten, fest sind, kommen die mit vorwiegend ungesättigten Fettsäuren in flüssiger Form als Öle daher. Gesättigte Fettsäuren stecken entsprechend vor allem in Butter, Käse, fettem Fleisch und Speck, das heißt vorwiegend in tierischen Produkten, aber auch in Palm- und Kokosöl. Ungesättigte Fette dagegen findet man in Ölen wie Oliven- oder Rapsöl sowie anderen Speiseölen. Während gesättigte Fette lange als gesundheitsschädlich verteufelt wurden, sieht man das Ganze heute etwas differenzierter. Unbestritten wichtig und gesund sind aber die ungesättigten Fettsäuren. Sie sind ein Baustein der Zellen, halten deren Hüllen geschmeidig, fördern die Gedächtnisleistung, stärken die Immunabwehr, wirken im Hormongeschehen mit und schützen vor Entzündungen: Sie sind also wie gemacht für eine gesunde Ernährung bei Hashimoto.

Wer „Fett ist nicht gleich Fett" sagt, muss aber auch „ungesättigte Fettsäuren sind nicht gleich ungesättigte Fettsäuren" sagen. Denn auch hier kommt es auf die feinen Unterschiede an. Während die einfachen Fettsäuren (wie die reichlich in Olivenöl vorkommende Ölsäure) auch vom Körper selbst hergestellt werden können, sind einige mehrfach ungesättigte Fettsäuren essenziell, müssen also über die Nahrung kommen.

Fette: einige praktische Tipps

- Geben Sie pflanzlichen Ölen gegenüber tierischen Fetten den Vorzug.
- Meiden Sie Transfette aus Fertigprodukten, -backwaren, Chips und Co. Achtung: Transfette bilden sich auch, wenn man kalt gepresste Öle zu stark erhitzt!
- Perfekt zum Kochen sind Oliven- oder Rapsöl. Wegen seines hohen Anteils an Omega-6-Fettsäuren ist Sonnenblumenöl weniger empfehlenswert.
- Zum Braten bei hohen Temperaturen eignen sich hitzebeständige Fette wie helles Sesam- oder Kokosöl, zum sanften Braten auch Olivenöl.
- Für den Einsatz in der kalten Küche sind Leinöl, Hanföl, Nussöle oder hochwertiges kalt gepresstes Olivenöl perfekt.
- Ein- bis zweimal wöchentlich sollte fetter Seefisch (wie Wildlachs, Makrele oder Sardinen) auf dem Speiseplan stehen.
- Snacken Sie regelmäßig Nüsse, Samen oder Oliven (auch gut als Salat-Topping)!

▷ Omega-3 und Omega-6

Vor allem drei der sogenannten Omega-3-Fettsäuren sind für den menschlichen Körper unentbehrlich. Das ist zum einen die Alpha-Linolensäure (ALA), die der Körper nicht selbst herstellen kann, weshalb er darauf angewiesen ist, dass wir sie über die Nahrung zu uns nehmen. Am meisten davon findet sich in pflanzlichen Lebensmitteln, besonders in Leinsamen und daraus gewonnenem Leinöl, in Walnüssen und Walnussöl, in Hanf- und Rapsöl. Dazu kommen die beiden überwiegend aus Fischen oder Algen gewonnenen besonders stoffwechselaktiven Fettsäuren Eicosapentaensäure (EPA) und Docosahexaensäure (DHA), die unser Körper in geringer Menge aus ALA selbst herstellen kann. Besonders reichlich sind EPA und DHA in fetten Meeresfischen (Lachs, Hering, Makrelen, Sardellen, Sardinen) enthalten, aber auch in Krill, winzigen Krebstierchen aus kalten Gewässern, sowie in bestimmten Mikroalgen (etwa Spirulina, Chlorella, Schizochytrium). Selbst tierische Produkte können relevante Mengen an Omega-3-Fettsäuren enthalten, vorausgesetzt, sie stammen von Tieren aus natürlicher Weidehaltung. In ihrer Milch – und entsprechend auch den Produkten daraus – sowie in ihrem Fleisch reichern sich die Omega-3-Fettsäuren aus Gras und Kräutern an.

Das richtige Verhältnis zählt

Es reicht aber nicht, nur auf die Omega-3-Fettsäuren zu schauen. Schließlich kommen sie in Ölen immer zusammen mit den entzündungsfördernd wirkenden Omega-6-Fettsäuren vor – in sehr unterschiedlichen Mengenverhältnissen. Entzündungsfördernd, das klingt zwar erst einmal gefährlich, wird aber durchaus auch im im Stoffwechsel gebraucht. Dennoch sollten maximal fünf Teile Omega-6- auf einen Teil Omega-3-Fettsäuren kommen. Ist das Verhältnis nämlich zugunsten von Omega-6 verschoben, fehlt das Gegengewicht durch ausreichend entzündungshemmende Fettsäuren. Dazu kommt: Weil beide Fettsäuren um ein und dasselbe Enzym konkurrieren, kann der Körper bei einem Übergewicht von Omega-6- keine Omega-3-Fettsäuren mehr aufnehmen. Man kann sich vorstellen, was es bedeutet, wenn die entzündungsfördernden Fettsäuren die Überhand haben. Weil in unserer Ernährung statt 5:1 eher das Verhältnis 10 bis 20:1 vorherrscht, es also eine starke und ungesunde Verschiebung in Richtung Omega-6-Fettsäuren gibt, lautet die dringende Empfehlung: Ziehen Sie Öle mit einem guten Verhältnis vor! Damit sind etwa Sonnenblumen- und Distelöl aus dem Rennen, während Öle wie Rapsöl, Walnussöl, Hanföl und insbesondere Leinöl (mit einem Omega-3-Anteil von über 55 Prozent) die Nase vorn haben.

AUS MEINER PRAXIS

Mit einer antientzündlichen Ernährung besserten sich die Symptome massiv

Bei einem 51-jährigen IT-Berater wurde vor drei Jahren eine Hashimoto-Thyreoiditis diagnostiziert. Nachdem seine behandelnde Ärztin die Unterfunktion der Schilddrüse festgestellt hatte, verschrieb sie 50 µg L-Thyroxin täglich und war zuversichtlich, dass „jetzt alles besser werden" würde. Und tatsächlich: Nach einem halben Jahr hatten sich die Schilddrüsenhormonwerte im Blut normalisiert. Trotzdem kam der Patient zu uns in die Praxis, weil seine Symptome wider Erwarten überhaupt nicht besser geworden waren. Er litt weiterhin unter Muskelschmerzen am ganzen Körper, einer ausgeprägten Kraftlosigkeit und Schwäche und konnte schlecht durchschlafen – was ihn nicht zuletzt stark in seiner beruflichen Tätigkeit beeinträchtigte, bei der durchweg hohe Konzentration gefordert war.

Wir gingen davon aus, dass der durch die Autoimmunerkrankung ausgelöste chronische Entzündungsprozess sich längst nicht mehr nur auf die Schilddrüse beschränkte, sondern bereits weite Bereiche des Körpers betraf. Wir rieten dem Patienten daher, seine Ernährung auf antientzündlich umzustellen – an der Medikation änderten wir dagegen nichts. Zum Einstieg baten wir den Mann, zwei Wochen lang ein Ernährungsprotokoll zu führen. Danach war die Strategie klar: Er sollte weniger Brot essen und Zucker meiden, dafür mehr Gemüse, Vollkornprodukte und antientzündliche Kräuter und Gewürze (wie Ingwer, Zimt und Kurkuma) auf den Speiseplan setzen. Mit Erfolg: Nach sechs Monaten waren die Muskelschmerzen vollständig verschwunden. Er konnte besser schlafen und auch seine Kraft war fast vollständig zurückgekehrt.

RICHTIG ESSEN BEI HASHIMOTO: WAS MUSS ICH MEIDEN?

▷ **Schweinefleisch** sollten Sie komplett vom Speiseplan streichen. Unter allen Fleischsorten hat es den höchsten Gehalt an Arachidonsäure, die Entzündungsprozesse anregt und verstärkt. Die generelle Empfehlung lautet, nicht mehr als 300 bis 400 Gramm Fleisch in der Woche zu essen – am besten weißes. Auf verarbeitetes Fleisch wie Wurstwaren, die ebenfalls sehr reich an Arachidonsäure und gesättigten Fettsäuren sind, sollten Sie am besten ebenfalls verzichten.

▷ **Milch** ist ein Wachstumsgetränk und deshalb aus meiner Sicht generell kein Nahrungsmittel für Erwachsene. Neben den gesättigten Fettsäuren enthält sie Wachstumsfaktoren und Hormone, weil die Kühe künstlich befruchtet und dauerhaft schwanger gehalten werden. Die Risiken dieser Inhaltsstoffe werden in der Wissenschaft heiß diskutiert. Eine abschließende Bewertung gibt es zwar noch nicht, aber gerade die beiden letztgenannten Inhaltsstoffe könnten sich bei Hashimoto-Betroffenen ungünstig auswirken. Auch aus ökologischen Gründen ist der Umstieg auf pflanzliche Milchalternativen aus Mandeln, Reis, Hafer und Co. sinnvoll. Haferdrink ist besonders gesund, weil er laktosefrei ist und kein Cholesterin enthält. Allerdings sollten die Pflanzendrinks nicht mit Aroma- und Zusatzstoffen angereichert sein.

▷ **Weizen** empfehle ich, ganz zu streichen. Ein Grund dafür ist die weitverbreitete Weizensensitivität, von der geschätzt 0,5 bis 13 Prozent der Bevölkerung betroffen sind. Ein zweites wichtiges Argument ist das Getreideprotein ATI (Amylase-Trypsin-Inhibitor), das allerdings nicht nur in Weizen in unterschiedlichen Mengen vorkommt. ATI steht im Verdacht, das Immunsystem unkontrolliert zu aktivieren und vor allem im Dünndarm Entzündungen zu fördern. Unter allen Getreidearten scheint Hafer am besten für Hashimoto-Betroffene geeignet zu sein. Er enthält kaum ATIs und auch relativ wenig Gluten (es gibt sogar gänzlich glutenfreie Haferprodukte). Dafür ist das Getreide, wie eben bereits geschrieben, reich an Beta-Glucan, das nachweislich Entzündungen bremsen und den Blutzucker- und Insulinspiegel regulieren kann.

▷ **Zucker** wie unser Haushaltszucker gehört zu den Kohlenhydraten, denn diese bestehen aus Zuckermolekülen. Verteufeln muss man Kohlenhydrate deshalb nicht. Es kommt jedoch darauf an, in welcher Form der Zucker darin vorliegt: Komplexe Kohlenhydrate aus Kartoffeln, Reis, Getreide, Obst und Gemüse sind schwer bzw. langsam verdaulich und beeinflussen daher den Insulinspiegel kaum. Dafür stärken sie das Immunsystem und sättigen lang anhaltend. Ganz anders sieht es bei den einfachen Kohlenhydraten aus, die in Haushalts- und Traubenzucker sowie Weißmehlprodukten stecken. Sie werden sehr rasch verdaut und lassen den Zucker- und Insulinspiegel im Blut stark schwanken. Damit fördern sie neben Heißhunger und Gewichtszunahme auch Entzündungsprozesse, weil durch die erhebliche Insulinausschüttung mehr Arachidonsäure gebildet wird. Die Weltgesundheitsorganisation (WHO) empfiehlt, nicht mehr als 25 Gramm bzw. sechs Teelöffel Zucker am Tag zu verzehren.

BESONDERHEITEN BEI ZÖLIAKIE UND AUTOIMMUNGASTRITIS

Eine Autoimmunkrankheit kommt selten allein ... Oft wird Hashimoto von weiteren Autoimmunerkrankungen begleitet oder aber von Erkrankungen, die andere Ursachen haben (siehe Seite 159). Auch daran muss die Ernährung angepasst werden.

ZÖLIAKIE/GLUTENUNVERTRÄGLICHKEIT

Eine Unverträglichkeit gegenüber Gluten ist eine häufige Begleiterscheinung von Hashimoto, die immer in einer Zöliakie mündet. Symptome sind Bauchschmerzen, Durchfall, Müdigkeit und Kopfschmerzen. Lassen Sie sich aber unbedingt testen, denn es ist durchaus möglich, dass Sie lediglich eine Glutensensitivität haben. Eine echte Unverträglichkeit kann durch Magenspiegelung, Gen- und Antikörpertests nachgewiesen werden, während die Glutensensitivität (meist ist es sogar lediglich eine Sensitivität auf Weizen) nicht nachweisbar ist. Wird tatsächlich eine Zöliakie diagnostiziert, ist strikter Glutenverzicht angesagt. Dieses Klebereiweiß ist in Weizen, Dinkel, Roggen und Gerste enthalten. Auch Hafer ist nicht zu 100 Prozent frei davon, allerdings bereitet Hafergluten in der Regel selbst bei Zöliakie keine Probleme. Alle anderen glutenhaltigen Getreidesorten müssen Sie durch glutenfreie Pseudogetreide wie Buchweizen, Hirse, Amarant oder Quinoa ersetzen. Achten Sie auch bei Fertigprodukten penibel auf Gluten und studieren Sie die Zutatenlisten. Es versteckt sich oftmals in Produkten, wo man es nicht erwartet, etwa in Fertigsuppen, Konserven, Tiefkühlprodukten mit Aromastoffen, Studentenfutter und Pommes. Bei einer Glutensensitivität brauchen Sie dagegen nicht gänzlich auf Gluten zu verzichten. Oft hilft es schon, Weizen zu meiden oder zu reduzieren.

AUTOIMMUNGASTRITIS

Eine Autoimmun- oder Typ-A-Gastritis ist die häufigste Autoimmunerkrankung, die zusammen mit Hashimoto auftritt. Das Immunsystem wird in diesem Fall auch gegen diejenigen Zellen aktiv, die im Magen die Magensäure und den intrinsischen Faktor produzieren, ein Protein, das für die Aufnahme von Vitamin B12 benötigt wird. Die Folgen von zu wenig Magensäure sind Sodbrennen, häufiges Aufstoßen, Völlegefühl und vermehrte Magen-Darm-Infekte. Weil der intrinsische Faktor fehlt, kann es außerdem langfristig zu einem Vitamin-B12-Mangel kommen. Was tun gegen diese Symptome? Hier ist eine möglichst reizarme Ernährung das A und O: keine scharfen Gewürze, nichts Geräuchertes, Gebratenes oder Frittiertes, kein Zucker, kein Kaffee und keine säurehaltigen Fruchtsäfte. Lindernd können Kräutertees (z. B. Schafgarbe, Kamille, Fenchel) und verdünnter Essig sein. Betroffene sollten ihren Vitamin-B12-Status regelmäßig überprüfen lassen. Bei einem Mangel reicht die orale Gabe nicht aus, da das Vitamin die Dünndarmwand nicht passieren kann. Deshalb muss das Vitamin injiziert werden.

IM ÜBERBLICK: LEBENSMITTELAUSWAHL BEI HASHIMOTO

KATEGORIE	EMPFEHLENSWERT	NICHT EMPFEHLENSWERT
Brot, Getreide und Beilagen wie Nudeln, Kartoffeln, Reis	**in Maßen:** Vollkornbrot/-produkte, vor allem aus Hafer, Gerste, Dinkel, Roggen (glutenhaltig) oder Pseudogetreide wie Buchweizen, Amarant, Quinoa (glutenfrei); Haferflocken, Müsli ohne Zucker; Vollkornnudeln, Vollkornreis, Pellkartoffeln	Weiß-/Toastbrot, Zwieback, Weizen-/Milchbrötchen, Croissants; Hartweizennudeln; weißer Reis, Pommes frites, Pfannkuchen; Fertiggerichte, Fast Food
Süßes & Knabbereien (bei Bedarf 1 kleine Handvoll am Tag)	Zartbitterschokolade (mind. 70 % Kakaogehalt)	süße Backwaren, Süßigkeiten, süße Milchprodukte (s. u.), Salzgebäck, Chips, Flips
Obst (1–2 Portionen am Tag)	alle zuckerarmen Obstsorten wie Äpfel, Beeren, Orangen, Pflaumen etc.; **in Maßen, da zuckerreich:** Ananas, Bananen, Birnen, Honigmelone, Kakis (Sharon), Mangos, Süßkirschen, Weintrauben	gezuckerte Obstkonserven und Obstmus, kandiertes Trockenobst
Gemüse (3 Portionen am Tag)	keine Einschränkungen (Ausnahme siehe rechts)	Mais (zuckerreich)
Nüsse & Samen (ca. 40 g am Tag)	keine Einschränkungen (Ausnahmen siehe rechts)	Erdnüsse und gesalzene Nüsse
Fette & Öle (ca. 2 EL am Tag)	Olivenöl, Rapsöl, Hanföl, Walnussöl, Leinöl*), Weizenkeimöl*); **in Maßen:** Butter	Schweine- und Gänseschmalz, Butterschmalz, Palmfett, Sonnenblumenöl, Distelöl
Fisch & Meeresfrüchte (2-mal pro Woche)	Forelle, Heilbutt, Hering, Karpfen, Lachs (nach individueller Verträglichkeit bei Gastritis A), Scholle, Seezunge, Thunfisch; Aal (nicht bei Gastritis A)	Fisch in Mayonnaise oder Sahne eingelegt; sehr jodreicher Fisch wie Seelachs, Schellfisch

*) hochwertig hergestellt unter Ausschluss von Licht, Hitze und Sauerstoff (Omega-Safe-Verfahren/Oxyguard)

Wurstwaren & Fleisch (2- bis 3-mal pro Woche)	magerer Aufschnitt wie Corned Beef, Putenbrustaufschnitt, Aspik; Hühnerfleisch, Putenfleisch	paniertes Fleisch; alle übrigen Wurstwaren und generell Schweinefleisch (wegen des hohen Gehalts an Arachidonsäure)
Eier, Milch & Milchprodukte, Käse	Eier, fettarm zubereitet; **wenig:** Buttermilch, Speisequark bis 20 % Fett, Naturjoghurt bis 3,5 % Fett; Käse bis 45 % Fett i. Tr. (Schnittkäse, Weichkäse, Feta, Mozzarella, besonders mager: Harzer Käse, körniger Frischkäse)	Mayonnaise; Trinkmilch (Kuh), fettreiche Milchprodukte wie Sahne, Schmand und Crème fraîche; gesüßte Produkte
Getränke (ca. 2 l am Tag)	Wasser, ungezuckerter Tee, vor allem Kräutertee (Fenchel, Kamille, Löwenzahn, Schafgarbe, Salbei); **in Maßen:** Kaffee (nicht bei Gastritis A)	Fruchtsaft, Softdrinks, Kakao, Alkohol

AUFGEPASST BEI …

KAFFEE

Im Schnitt trinken wir hierzulande knapp vier Tassen Kaffee am Tag. Für Schilddrüsengesunde ist diese Menge unbedenklich und sogar gesund, für Hashimoto-Patienten gilt das jedoch nur eingeschränkt. Denn Koffein kann die Schilddrüsenunterfunktion verstärken, weil es die Produktion von TRH und TSH hemmt. Zudem kann es die Aufnahme von L-Thyroxin, dem Schilddrüsenhormon, das die meisten Hashimoto-Betroffenen einnehmen, verzögern und seine Bioverfügbarkeit reduzieren. Eine Tasse schwarzer Kaffee nach einer Mahlzeit ist dennoch unbedenklich – und man profitiert von den positiven Effekten auf den Darm und das Immunsystem. Sie sollten die Schilddrüsenhormone auf nüchternen Magen einnehmen und dann eine Stunde mit dem Kaffeetrinken warten.

JOD

Jod ist unerlässlich für eine gesunde Schilddrüsenfunktion (siehe Seite 8), es ganz zu meiden, wäre aber falsch. Neuerdings gilt Deutschland wieder als Jodmangelgebiet, vermutlich, weil immer weniger jodiertes Salz genutzt wird. Für Erwachsene sind pro Tag 180 bis 200 µg Jod empfohlen. Diese Menge ist auch unbedenklich, wenn man an Hashimoto leidet. Schon wenig mehr jedoch kann das Feuer der chronischen Entzündung in der Schilddrüse anfachen und zu einem akuten Schub führen. Wenn Sie Algenöl zur Erhöhung der Omega-3-Zufuhr nutzen, beachten Sie bitte unbedingt den Jodgehalt. Seien Sie auch vorsichtig mit getrockneten Algen und Seetangprodukten. Ihr Jodgehalt schwankt zwischen fünf und 11 000 µg/g Trockengewicht. Sie könnten also schon mit 0,02 g die tägliche Obergrenze überschreiten.

ERFOLGREICH ABNEHMEN MIT INTERVALLFASTEN

Obwohl sie nicht übermäßig viele Kalorien zu sich nehmen und ihr Appetit sogar eher mäßig ist, wird die Waage Hashimoto-Betroffenen gegenüber immer unbarmherziger. Die Auswirkungen der Schilddrüsenunterfunktion auf das Körpergewicht sind leider häufig nicht zu übersehen.

Wenn Sie sich an den Prinzipien der mediterranen Ernährung orientieren, antientzündlich essen und alle Inhaltsstoffe meiden, die Sie nicht vertragen, sind Sie sehr gut aufgestellt. Und wenn sich dadurch der Zustand der Schilddrüse bessert, wird sich das auch positiv auf das Gewicht auswirken. Doch das Abnehmen kann schwerfallen – dabei wäre es so wichtig, die Gewichtszunahme möglichst gering zu halten. Vor allem das Bauchfett ist für seine negativen Auswirkungen auf die Organe und den Stoffwechsel bekannt. Bauchbetontes Übergewicht bedeutet immer ein gesteigertes Risiko für Zivilisationskrankheiten wie Herz-Kreislauf-Erkrankungen, Arthrose und sogar Krebs. Auch Diabetes Typ 2 ist oft Folge eines hohen Fettanteils im Körper; Bauchfett entsteht vor allem aufgrund einer Insulinresistenz. Hierbei reagieren die Körperzellen immer weniger auf das Hormon Insulin, wodurch der Blutzuckerspiegel steigt und Zucker vermehrt in Körperfett angelegt wird. Das ist fatal, aber man kann zum Glück etwas dagegen tun.

Um das Gewicht in den Griff zu bekommen, ist Intervallfasten allgemein sehr effizient. Es ist keine Diät, sondern eine dauerhafte Enährungsweise, die neben der Gewichtsreduktion noch viele weitere positive Effekte auf die Gesundheit hat. Warum? Der Wechsel zwischen Ess- und Hungerphasen kommt unserer ursprünglichen Ernährungsform, für die unser Stoffwechsel angelegt ist, deutlich näher als unsere heutige Lebensweise, bei der Essen ständig verfügbar ist. Intervallfasten hilft daher nicht nur, Fett abzubauen. Es regt auch den Selbstreinigungsmechanismus des Körpers (die sogenannte Autophagie) an, stärkt das Immunsystem und bremst chronische Entzündungen. Gerade Letzteres ist bei Hashimoto als zusätzliche therapeutische Unterstützung sehr hilfreich.

Intervallfasten wirkt sich aber auch positiv auf das Mikrobiom und die Psyche aus. Der Darm profitiert von längeren Phasen der Nahrungskarenz, um sich zu reinigen und die Darmschleimhaut neu aufzubauen. Und: Mithilfe von Intervallfasten kann man nicht nur Zivilisationskrankheiten wie Adipositas, Diabetes Typ 2, Fettstoffwechselstörungen, Fettleber und Bluthochdruck vorbeugen – es wirkt auch heilend, wenn man bereits an diesen Krankheiten leidet.

Typische Intervallfasten-Varianten

- **1:1-Fasten:** im Wechsel einen Tag fasten (also maximal 500 Kalorien aufnehmen) und einen Tag normal essen
- **5:2-Fasten:** fünf Tage pro Woche normal essen, zwei Tage fasten (wobei diese zwei Tage nicht direkt aufeinanderfolgen sollten)
- **16:8-Fasten:** 16 Stunden nichts essen, acht Stunden normal essen – idealerweise nur zwei Mahlzeiten pro Tag, mit einer langen Pause dazwischen. Zum Umgewöhnen sind auch schon zwölf Stunden Esspause über Nacht hilfreich.

Um das Ganze zu unterstützen, können sie morgen nach dem Aufstehen ein Glas lauwarmes Wasser (200 ml) mit dem Saft von einer halben Zitrone trinken. Das regt den Stoffwechsel und den Gallenfluss an und hilft beim Abnehmen. Außerdem profitieren Sie vom Vitamin C der Zitrone und fühlen sich erfrischt.

Am besten unter ärztlicher Aufsicht

Im Gegensatz zu vielen Diäten ist Intervallfasten als Dauerernährung geeignet. Sie müssen also auch keinen Jo-Jo-Effekt befürchten. Führen Sie es aber nur unter ärztlicher Begleitung durch, denn Hashimoto-Betroffene können sehr sensibel auf Hormonschwankungen, Stress und schwankende Insulinspiegel reagieren. Insbesondere in der Anfangsphase der Umstellung werden vermehrt solche Hormone ausgeschüttet, die die Erkrankung aktivieren. Die Produktion von T4 wird dann gedrosselt, die Unterfunktion nimmt zu. Auch das aktivierte vegetative Nervensystem kann einen Schub auslösen und der Blutzuckerspiegel kann in dieser Umstellungsphase stark schwanken, was die Schilddrüse gar nicht mag. Die Leber braucht zudem mehr Zeit für die Umstellung, weil sie bei einer Unterfunktion noch langsamer arbeitet. Es kann dann eine Phase auftreten, in der die Entgiftung und Produktion von Eiweißen (z. B. der Transportproteine für Schilddrüsenhormone) durch die Leber nicht mehr reichen.

Behält man aber diese Mechanismen stets im Blick und erfolgt die Umstellung langsam, kann Intervallfasten bei Hashimoto eine sehr effektive und sinnvolle Methode zur Gewichtsregulation sein. Gut im Alltag umsetzbar und daher besonders beliebt ist die 16:8-Methode, bei der nur in einem Zeitfenster von acht Stunden gegessen wird, der Rest wird gefastet (siehe Kasten links). Achten Sie aber auf Ihre persönliche Balance und wählen Sie den für Sie perfekten Rhythmus aus. Es kann sein, dass Sie z. B. mit 12:12 oder 14:10 deutlich besser fahren. Von längerem Fasten oder Heilfasten rate ich bei Hashimoto ausdrücklich ab!

AUF EINEN BLICK: WIE MAN HASHIMOTO ÜBER DIE ERNÄHRUNG BEHANDELT

- mit einer antientzündlichen Ernährung, eingebettet in die mediterrane Kost
- mit ausreichend Ballaststoffen und probiotisch wirksamen Lebensmitteln
- durch den weitestgehenden Verzicht auf entzündungsfördernde Lebensmittel
- durch Lebensmittel, die reich an Selen, Zink, Eisen und Jod (Vorsicht bei Algen!) sind
- mit frischen Lebensmitteln aus der Region und gemäß der Saison
- durch frisches Zubereiten (als zweitbeste Variante: mit tiefgefrorenen Lebensmitteln ohne Zusatzstoffe)
- durch Intervallfasten, um Übergewicht abzubauen
- durch Essen mit Freude, in Ruhe und in sozialer Gemeinschaft
- durch den Verzicht auf Gluten, wenn eine Zöliakie diagnostiziert wurde
- durch eine magenschonende Ernährung bei Gastritis

EINE PATIENTIN BERICHTET

HASHIMOTO UND MORBUS BASEDOW: WAS MIR GEHOLFEN HAT

Ich weiß gar nicht mehr genau, wann es anfing. Jetzt bin ich 62, vielleicht mit Mitte 40. Symptome wie innere Unruhe, Herzstolpern, Muskelschmerzen, Blähungen, häufiger Stuhlgang, Sehstörungen, Kopfschmerzen, Schlafstörungen, Erschöpfung, Antriebslosigkeit und Niedergeschlagenheit begannen, sich schleichend zu mehren. Ich ging zu meinem Hausarzt. Nach der Blutuntersuchung bekam ich die Diagnose: Hashimoto-Thyreoiditis. Mir wurde gesagt, dass am Anfang dieser Erkrankung oftmals eine Schilddrüsenüberfunktion stehe, worauf auch meine jetzigen Symptome hinwiesen. Nach und nach allerdings würde meine Schilddrüse immer mehr von ihrer Funktion einbüßen und in die Unterfunktion rutschen. „Ist aber alles nicht schlimm", beruhigte mich mein Arzt. „Jetzt gibt es erst mal ein Medikament gegen die Überfunktion und gegen die später einsetzende Unterfunktion, dann die passende Menge Schilddrüsenhormon in Tablettenform."

Ich war glücklich und endlich wieder unbeschwert. Mein alter Kampfgeist erwachte, ich sagte mir: „Auch wenn es jetzt eine Zeit dauert, bis alles wieder im Lot ist, ich werde es geduldig und tapfer auf mich nehmen." Wenn ich damals gewusst hätte, dass nichts einfach wird, dass mich immer wieder Rückschläge von den Füßen holen, dass mir Odysseen durch verschiedene Arztpraxen bevorstehen würden, dass ich viel Lebensfreude einbüßen würde, weil sich mein Befinden nie wirklich bessern würde ... Ich hatte Glück, ich wusste es nicht.

Die anfängliche Überfunktion war recht bald überwunden und die Unterfunktion bahnte sich an. Ich begann einschleichend mit dem Levothyroxin und es gab regelmäßige Blutuntersuchungen. Und siehe da, nach einem Jahr waren die Werte in Ordnung. Nicht gut war allerdings mein Befinden. Zu den Symptomen waren auch noch andere Beschwerden wie Tinnitus, ein rotes, heißes Gesicht mit Schwellungen, Ohnmachtsanfälle, Muskelverkrampfungen, Herzrasen und einiges mehr hinzugekommen. Die Blutuntersuchung mit einem TSH von 0,01 zeigte: Ich war in eine stattliche Überfunktion gerutscht. Alles ging von vorn los:

Medikament gegen Überfunktion, dann wieder Levothyroxin. Irgendwann waren die Werte wieder akzeptabel, mein Befinden war es aber immer noch nicht. Ständig hatte ich Kopf- und Muskelschmerzen, Herzbollern, Schlafstörungen, innere Unruhe und einiges mehr. In den Folgejahren gab es immer wieder solche Über- und Unterfunktionsphasen. Ich rannte von Arzt zu Arzt. Sie alle waren mittlerweile von mir als Problempatientin genervt. Und ich von ihnen.

Nach Jahren, ich war mittlerweile 57, führte mich mein Weg zu Dr. Jörn Klasen. Bei seiner Behandlung spielten zum ersten Mal meine Ernährungsgewohnheiten eine große Rolle. Ich stellte sie um auf eine antientzündliche Ernährung. Damit ging es mir spürbar besser, meine Werte blieben stabil. Das Beste war aber: Dr. Klasen fand heraus, dass ich nicht nur unter der Hashimoto-Thyreoiditis leide, sondern gleichzeitig auch unter einem Morbus Basedow, ebenfalls einer Autoimmunerkrankung, die zur Überfunktion der Schilddrüse führt. Damit gab es endlich eine Erklärung für dieses kräftezehrende Wechselspiel zwischen Unter- und Überfunktion. Mal hatte Hashimoto die Oberhand, mal der Basedow.

Durch die Ernährungsumstellung kam glücklicherweise einiges in mir zur Ruhe. Mir ging es viel besser. Leider bahnte sich aber ungefähr ein Jahr später nach einer Coronainfektion eine neue, heftige Überfunktionsattacke an. Ich hatte einen Ruhepuls von 130 und mehrere Ohnmachtsanfälle. Jetzt gab es nur noch eine Option, um meine Schilddrüse einzufangen: eine Radio-Jod-Therapie, die einen Teil des Schilddrüsengewebes zerstört und dadurch die Schilddrüse zwangsweise in die Unterfunktion zwingt. Die Therapie in der Klinik dauerte fünf Tage. Weil ich eine leichte Radioaktivität in mir hatte, durfte ich danach erst einmal nicht unter Menschen. Nach ein paar Tagen aber war der ganze Spuk vorbei und ich wurde wieder in die Freiheit entlassen. Damals war ich 59. Seitdem ist eine wunderbare Ruhe in mir eingekehrt, ich nehme die jetzt passende Dosis Levothyroxin – und meine Werte und mein Befinden sind stabil.

Rückblickend kann ich ganz klar drei Dinge sehen, die mir geholfen haben: die Umstellung auf eine antientzündliche Ernährung, die Radio-Jod-Therapie und die passende Menge Schilddrüsenhormon.

Manchmal gibt es nicht die eine Lösung. Sich auf den Weg zu machen, um die eigenen, persönlich passenden Lösungen zu finden, ist sicherlich nicht immer leicht. Aber es lohnt sich allemal. Ich fühle mich wie neu geboren und trage seitdem ein Zitat von Oscar Wilde als Gedanken fest bei mir: Am Ende wird alles gut. Und wenn es nicht gut ist, dann ist es noch nicht das Ende.

REZEPTE

Mit der richtigen Ernährung können Sie Ihren Organismus gezielt stärken und Ihre Beschwerden buchstäblich wegessen. Wie das Tag für Tag ohne großen Aufwand und mit viel Genuss gelingen kann? Unsere Rezepte zeigen es Ihnen! Mit diesen Gerichten tanken Sie neue Energie, Ihr Immunsystem und Ihr Darm werden gestärkt. Außerdem schmelzen überflüssige Pfunde fast von allein. Viel Spaß beim Kochen und gesunden Appetit!

FRÜHSTÜCK

Wie startet man besser in den Tag als mit einem gesunden Frühstück, das den Körper schon morgens mit allem Wichtigen versorgt? Eiweiß, das satt macht, Ballaststoffe, die den Darm unterstützen, sowie Vitamine und Mineralstoffe, die stille Entzündungen bremsen.

BIRCHERMÜSLI MIT MÖHREN UND INGWER

NÄHRWERTE PRO PORTION:
ca. 480 kcal, 17 g EW, 18 g F,
56 g KH, 8 g BST

Zubereitung: 15 Minuten
Quellen: mind. 6 Stunden (über Nacht)

FÜR 2 PERSONEN

10 g getr. Cranberrys (ungesüßt)
100 g zarte Haferflocken ✷
400 g Joghurt (3,5 % Fett)
20 g Pekannusskerne
1 säuerlicher Apfel (z. B. Cox Orange)
1 Möhre
20 g Ingwer
2 TL Zitronensaft
¼ TL gemahlene Vanille
20 g Granatapfelkerne (aus dem Kühlregal oder tiefgekühlt und aufgetaut)

1. Am Vorabend die Cranberrys grob hacken und mit den Haferflocken und 300 g Joghurt in einer Schüssel verrühren. Alles im Kühlschrank abgedeckt mindestens 6 Stunden, am besten über Nacht, quellen lassen.

2. Am nächsten Tag die Pekannüsse grob hacken, in einer kleinen Pfanne ohne Fett hell anrösten, bis sie duften. Herausnehmen und abkühlen lassen. Den Apfel waschen, vierteln und entkernen, die Apfelviertel auf der Gemüsereibe grob raspeln. Die Möhre putzen, schälen und ebenfalls auf der Gemüsereibe fein raspeln. Den Ingwer schälen und fein reiben. Apfel, Möhre und Ingwer mit dem Zitronensaft und der Vanille gut mischen, dann unter den eingeweichten Haferflocken-Mix ziehen.

3. Zum Servieren das Müsli auf Schalen verteilen, den übrigen Joghurt und die Nüsse daraufgeben. Mit den Granatapfelkernen toppen.

✷ Haferflocken sind fester Bestandteil fast jeden Müslis. Und das ist gut so, denn Hafer ist nicht nur gut bekömmlich, er punktet auch mit einem besonderen Ballaststoff: Beta-Glucan. Studien konnten zeigen, dass Beta-Glucan die Blutzucker- und Blutfettwerte positiv beeinflusst. Zudem liefert Hafer relativ viel Pflanzeneiweiß, verschiedene B-Vitamine und Mineralstoffe wie Zink, Eisen und Magnesium. Wer sich strikt glutenfrei ernähren will, muss nicht auf Hafer verzichten. Im Handel gibt es mittlerweile auch glutenfreie Flocken.

GRANOLA OHNE GLUTEN

NÄHRWERTE PRO PORTION (À CA. 50 G):
ca. 270 kcal, 7g EW, 17g F,
22g KH, 3g BST

Zubereitung: 15 Minuten
Backen: 30 Minuten

FÜR CA. 600 G (12 PORTIONEN)

150g kernige Haferflocken (glutenfrei)
100g Buchweizenflocken
50g Haselnusskerne
50g Pekannusskerne
50g ungeschälter Sesam
50g gepuffte Quinoa
Salz
2 TL Zimtpulver
1 TL gemahlene Vanille
100g dunkles Mandelmus ✷
40g natives Kokosöl
2 EL Birnendicksaft

1. Den Backofen auf 160°C vorheizen. Ein Backblech mit Backpapier belegen. Die Hafer- und Buchweizenflocken in eine Schüssel geben. Die Hasel- und Pekannüsse grob hacken und mit dem Sesam, gepuffter Quinoa, 1 Prise Salz, Zimt und Vanille zu den Flocken geben. Alles am besten mit einem Schneebesen gut mischen.

2. In einem kleinen Topf das Mandelmus mit Kokosöl und Birnendicksaft unter Rühren erwärmen. Dann die Masse zur Flockenmischung gießen und alles mit einem Kochlöffel gut verrühren. Die Mischung auf dem Blech verteilen und im Ofen auf der 2. Schiene von unten 25 bis 30 Minuten rösten, dabei etwa alle 10 Minuten durchmischen.

3. Das Granola aus dem Ofen nehmen und auf dem Blech vollständig auskühlen lassen. Anschließend in ein Glas (ca. 1 l Inhalt) füllen und luftdicht verschlossen kühl und trocken aufbewahren. So hält es sich 4 bis 6 Wochen.

4. Für ein Frühstück oder eine Zwischenmahlzeit pro Portion 50g Granola mit Joghurt, Quark oder einer eiweißreichen pflanzlichen Kuhmilchalternative (z.B. Soja-, Mandel- oder Erbsendrink) und frischem, zuckerarmem Obst (z.B. Beeren, Papaya oder Aprikosen) servieren.

✷ Dank Mandelmus liefert dieses Granola eine Extraportion Pflanzeneiweiß und gesunde Fettsäuren. Dadurch hält uns das Frühstück lange satt und mindert die Lust auf ungesunde Snacks. Ein weiteres Plus: Mandeln enthalten reichlich Vitamin E – ein Antioxidans, das hilft, stille Entzündungen im Stoffwechsel einzudämmen.

QUARK-LEINÖL-FRÜHSTÜCK MIT BEEREN

FÜR 2 PERSONEN

20 g geschälte Mandeln
20 g Kokosraspel
500 g Magerquark
2 EL geschroteter Leinsamen
1 EL kalt gepresstes Leinöl
¼ l ungesüßter Mandeldrink
100 g Himbeeren
100 g Heidelbeeren

NÄHRWERTE PRO PORTION:

ca. 490 kcal, 36 g EW, 27 g F, 17 g KH, 10 g BST

Zubereitung: 15 Minuten

1. Die Mandeln grob hacken und mit den Kokosraspeln in einer kleinen Pfanne ohne Fett hell anrösten. Herausnehmen und auf einem Teller abkühlen lassen.

2. Inzwischen den Quark in einer Schüssel mit geschrotetem Leinsamen, Leinöl und Mandeldrink mit einem Schneebesen oder den Quirlen des Handrührgeräts zu einer gleichmäßig cremigen Masse verrühren. Etwa zwei Drittel der Kokosraspel-Mandel-Mischung unter den Quark rühren.

3. Zum Servieren die Himbeeren und Heidelbeeren verlesen, waschen und vorsichtig trocken tupfen. Die Quarkcreme auf Schalen verteilen und mit Beeren und der übrigen Kokosraspel-Mandel-Mischung bestreuen.

AMARANT-MÜSLI MIT ORANGE

FÜR 2 PERSONEN

50 g kernige Haferflocken
25 g Amarant (ganze Körner)
1 EL Chiasamen
½ TL Zimtpulver
200 ml ungesüßter Haferdrink
30 g Walnusskerne
1 Orange
100 g Erdbeeren
200 g Dickmilch (3,5 % Fett)
10 g gepuffter Amarant

NÄHRWERTE PRO PORTION:

ca. 470 kcal, 14 g EW, 20 g F, 49 g KH, 11 g BST

Zubereitung: 15 Minuten
Quellen: mind. 6 Stunden (über Nacht)

1. Am Vorabend in einer Schüssel die Haferflocken mit Amarant, Chiasamen, Zimt und dem Haferdrink in einer Schüssel verrühren und im Kühlschrank abgedeckt mindestens 6 Stunden, am besten über Nacht, quellen lassen.

2. Am nächsten Tag die Walnüsse grob hacken und in einer kleinen Pfanne ohne Fett hell anrösten. Herausnehmen und abkühlen lassen. Die Orange so gründlich schälen, dass auch die weiße Haut mit entfernt wird, und in mundgerechte Stücke schneiden, dabei den abtropfenden Saft auffangen. Die Erdbeeren putzen, waschen und je nach Größe halbieren oder vierteln. Die Dickmilch und den aufgefangenen Orangensaft zum Flocken-Mix geben und unterrühren.

3. Zum Servieren das Müsli auf Schalen verteilen. Mit den Orangen- und Erdbeerstücken belegen und mit den Amarant-Pops bestreuen.

HÜTTENKÄSE-PORRIDGE MIT BROMBEEREN

FÜR 2 PERSONEN

20 g Haselnusskerne
20 g Kürbiskerne
75 g zarte Haferflocken
1 EL geschroteter Leinsamen
400 ml ungesüßter Cashew- oder Mandeldrink
125 g Brombeeren
1 kleine Banane
2 TL Zitronensaft
200 g körniger Frischkäse ✳

NÄHRWERTE PRO PORTION:
ca. 510 kcal, 26 g EW, 22 g F, 45 g KH, 10 g BST

Zubereitung: 20 Minuten

1. Haselnüsse und Kürbiskerne grob hacken und in einer kleinen Pfanne ohne Fett hell anrösten, bis die Kerne anfangen zu knistern. Herausnehmen und abkühlen lassen.

2. In einem Topf Haferflocken, Leinsamen und Cashew- oder Mandeldrink bei mittlerer Hitze unter Rühren aufkochen. Erst offen etwa 2 Minuten köcheln lassen, dann mit geschlossenem Deckel bei schwacher Hitze etwa 10 Minuten quellen lassen, dabei ab und zu umrühren.

3. Inzwischen die Brombeeren verlesen, waschen und trocken tupfen. Die Banane schälen, schräg in Scheiben schneiden und sofort mit dem Zitronensaft beträufeln, damit sie sich nicht bräunlich verfärbt. Die Hälfte der Bananenscheiben auf einem Teller mit einer Gabel zerdrücken und kurz vor Garzeitende unter den Porridge rühren.

4. Den Topf vom Herd nehmen und den Frischkäse locker unterheben. Zum Servieren den Porridge auf Schalen oder tiefe Teller verteilen und mit den übrigen Bananenscheiben und den Brombeeren belegen. Mit dem Haselnuss-Kürbiskern-Mix bestreuen.

✳ Weil er für einen ordentlichen Proteinschub sorgt, ist der körnige Frischkäse (Hüttenkäse) bei diesem Porridge der Clou. Wer mag, kann ihn auch durch die gleiche Menge Magerquark ersetzen – er enthält ähnlich viel Eiweiß wie Hüttenkäse. Mit diesen Milchprodukten aufgepeppt, macht uns der fruchtige Haferbrei lang anhaltend satt: ideal für alle, die mit Hashimoto leicht zugenommen haben und wieder ein paar Kilo verlieren möchten.

KURKUMA-PORRIDGE MIT PFLAUMEN

FÜR 2 PERSONEN

2 TL Ahornsirup
1 TL Rapsöl
20 g kernige Haferflocken
1 Msp. Zimtpulver
10 g Ingwer
10 g Kurkumawurzel
(ersatzweise ½ TL gemahlene Kurkuma) ✷
½ Bio-Limette
Pfeffer
½ l ungesüßter Mandeldrink
80 g zarte Haferflocken
300 g rote Pflaumen

NÄHRWERTE PRO PORTION:
ca. 350 kcal, 9 g EW, 9 g F, 51 g KH, 8 g BST

Zubereitung: 25 Minuten

1. Den Ahornsirup und das Öl in einer Pfanne vorsichtig erhitzen. Die kernigen Flocken und den Zimt dazugeben und alles bei mittlerer Hitze 3 bis 4 Minuten unter Rühren goldbraun rösten. Dann den Mix auf einem Bogen Backpapier verteilen und abkühlen lassen.

2. Währenddessen Ingwer und Kurkuma schälen und fein reiben (Achtung, die Kurkumawurzel färbt stark ab!). Die Limette heiß waschen, abtrocknen und ½ TL Schale fein abreiben, dann die Limettenhälfte auspressen. Ingwer, Kurkuma, Limettenschale, 1 Prise Pfeffer und 1 bis 2 EL Limettensaft verrühren.

3. In einem Topf den Mandeldrink erhitzen und die zarten Haferflocken dazugeben. Den Porridge nochmals kurz aufkochen, dann mit geschlossenem Deckel bei schwacher bis mittlerer Hitze etwa 10 Minuten quellen lassen, dabei ab und zu umrühren. Zuletzt die Kurkumamischung unterrühren und alles auf der ausgeschalteten Herdplatte noch etwa 5 Minuten ausquellen lassen.

4. Die Pflaumen waschen, halbieren, entsteinen und in etwa ½ cm dünne Spalten schneiden. Zum Servieren den Porridge in tiefen Tellern oder Schalen anrichten und mit den Pflaumenspalten belegen. Den Crunch grob zerbröseln und über den Porridge streuen.

✷ Kurkuma ist Gold wert – und das nicht nur wegen ihrer Farbe! Das Pulver aus der Gelbwurz zählt wie Zimt, Pfeffer und Ingwer zu den Gewürzen, die eine stark antioxidative Wirkung haben. Wer sich bei Hashimoto antientzündlich ernähren möchte, kann ruhig öfter die frische Wurzel oder das gelbe Pulver unter Gerichte wie Müsli, Currys oder Gemüsepfannen mischen. Ebenfalls zu empfehlen: Golden Milk – heiße Milch oder heißer Pflanzendrink mit reichlich Kurkuma.

QUINOA-KOKOS-BOWL MIT PAPAYA

FÜR 2 PERSONEN

80 g helle Quinoa
200 g fettreduzierte Kokosmilch
¼ l ungesüßter Cashewdrink
½ TL Zimtpulver
¼ TL gemahlene Vanille
300 g Papaya
1 EL Limettensaft
1 EL geschälte Hanfsamen
1 EL Kokos-Chips

NÄHRWERTE PRO PORTION:

ca. 340 kcal, 8 g EW, 14 g F, 41 g KH, 6 g BST

Zubereitung: 30 Minuten

1. Die Quinoa in einem Sieb kalt abbrausen und kurz abtropfen lassen. Erst in einem Topf mit Kokosmilch und Cashewdrink bei mittlerer Hitze unter Rühren aufkochen. Dann mit geschlossenem Deckel bei schwacher Hitze 15 bis 20 Minuten quellen lassen, dabei ab und zu umrühren. Anschließend den Quinoabrei vom Herd nehmen, mit Zimt und Vanille würzen und etwas abkühlen lassen.

2. Inzwischen die Papaya ggf. halbieren, entkernen und schälen. Das Fruchtfleisch in etwa 1 cm große Würfel schneiden und mit dem Limettensaft beträufeln.

3. Zum Servieren den Quinoabrei auf Schalen verteilen und die Papayawürfel darauf anrichten. Mit den Hanfsamen und den Kokos-Chips bestreuen.

LILA LEINSAMEN-JOGHURT-PUDDING

FÜR 2 PERSONEN

100 g tiefgekühlte Wild-Heidelbeeren
400 g Joghurt (1,5 % Fett)
20 g geschroteter Goldleinsamen (ersatzweise geschroteter Leinsamen)
60 g zarte Haferflocken
½ kleiner säuerlicher Apfel (ca. 100 g; z. B. Elstar)
2 TL Zitronensaft
1 Kiwi
2 TL flüssiger Honig
etwas Zimtpulver zum Bestäuben

NÄHRWERTE PRO PORTION:

ca. 360 kcal, 14 g EW, 10 g F, 46 g KH, 10 g BST

Zubereitung: 15 Minuten
Quellen: 6 Stunden (über Nacht)

1. Am Vorabend 50 g Heidelbeeren etwa 10 Minuten antauen lassen. Dann mit dem Joghurt in einen hohen Rührbecher geben und mit dem Stabmixer fein pürieren. Leinsamenschrot und Haferflocken unterrühren und alles abgedeckt im Kühlschrank mindestens 6 Stunden, am besten über Nacht, quellen lassen.

2. Am nächsten Tag die übrigen Beeren ebenfalls etwa 10 Minuten antauen lassen. Den Apfel waschen, halbieren und entkernen. Die Viertel längs in dünne Scheiben schneiden und sofort mit dem Zitronensaft beträufeln, damit sie sich nicht bräunlich verfärben. Kiwi schälen, längs halbieren und quer in Scheiben schneiden.

3. Zum Servieren den Leinsamen-Joghurt-Pudding auf Schalen verteilen und mit Apfelspalten, Kiwischeiben und restlichen Heidelbeeren belegen. Mit je 1 TL Honig beträufeln und mit etwas Zimt bestäuben.

BUCHWEIZEN-PANCAKES MIT JOGHURT UND BEEREN

FÜR 2 PERSONEN

80 g Buchweizenmehl ✷
20 g Mandelmehl (teilentölt)
1 TL Weinsteinbackpulver
2 TL brauner Rohrohrzucker
Salz
200 ml ungesüßter Mandeldrink
1 EL dunkles Mandelmus
100 g ungesüßter Mandeljoghurt
100 g Himbeeren
100 g Heidelbeeren
2 EL Rapsöl
2 TL Kakao-Nibs

NÄHRWERTE PRO PORTION:
ca. 520 kcal, 12 g EW, 30 g F, 44 g KH, 9 g BST

Zubereitung: 30 Minuten

1. In einer Schüssel das Buchweizenmehl mit Mandelmehl, Backpulver, Zucker und 1 Prise Salz gründlich mischen. Den Mandeldrink hinzufügen und alles mit einem Schneebesen glatt verrühren. Anschließend den Teig etwa 10 Minuten quellen lassen.

2. Währenddessen das Mandelmus mit dem Joghurt in einer Schüssel cremig verrühren. Die Beeren verlesen, waschen und trocken tupfen. Den Backofen auf 100 °C vorheizen.

3. In einer großen beschichteten Pfanne 1 EL Öl erhitzen und 4 bis 5 Pancakes à jeweils 1 bis 2 EL Teig darin verteilen. Die Pancakes bei mittlerer Hitze etwa 3 Minuten backen, dann wenden und weitere 2 Minuten goldbraun backen. Die fertigen Pancakes auf einem Teller abgedeckt im Ofen warm halten. Mit dem übrigen Teig und dem restlichen Öl genauso verfahren und weitere 4 bis 5 kleine Pfannkuchen backen.

4. Zum Servieren die Pancakes mit dem Mandeljoghurt und den Beeren auf Tellern anrichten und mit je 1 TL Kakao-Nibs bestreuen.

✷ Wer sich glutenfrei ernähren möchte, muss auf Pancakes, Pfannkuchen und Co. keinesfalls verzichten. Der Trick: das Weizenmehl einfach gegen Buchweizenmehl austauschen. Die kleinen nussigen Körner sind nämlich ein sogenanntes Pseudogetreide, das keinerlei Gluten enthält.

MÖHRENBROT MIT KÜRBISKERNEN

NÄHRWERTE PRO SCHEIBE (À CA. 65 G):
ca. 210 kcal, 8g EW, 15g F,
8g KH, 6g BST

Zubereitung: 20 Minuten
Quellen: mind. 4 Stunden (über Nacht)
Backen: 1¼ Stunden

FÜR 1 KASTENFORM
(ca. 20 cm Länge; ca. 14 Scheiben)

120g Möhren
50g Mandeln
50g Haselnusskerne
150g Kürbiskerne
120g zarte Haferflocken
80g geschroteter Leinsamen
40g Chiasamen
20g gemahlene Flohsamenschalen
1½ TL Salz
3 EL Olivenöl
1 EL Ahornsirup

1. Am Vorabend die Möhren putzen, schälen und auf der Gemüsereibe fein raspeln. Mandeln, Haselnüsse und 50g Kürbiskerne grob hacken. Übrige 100g Kürbiskerne und die Haferflocken im Blitzhacker portionsweise fein zermahlen, dann mit Möhrenraspeln, gehacktem Nuss-Mix, Leinsamen, Chiasamen, Flohsamenschalen und Salz in einer Rührschüssel gut mischen. Öl, Ahornsirup und 350 ml lauwarmes Wasser dazugeben und alles mit den Quirlen des Handrührgeräts zu einem geschmeidigen, glatten Teig verrühren.

2. Die Form so mit Backpapier auslegen, dass es an den kurzen Seiten überlappt. Den Teig einfüllen und glatt streichen. Dann abgedeckt bei Zimmertemperatur mindestens 4 Stunden, am besten über Nacht, quellen lassen.

3. Am nächsten Tag den Backofen rechtzeitig auf 180 °C vorheizen. Das Brot im Ofen auf der 2. Schiene von unten etwa 30 Minuten backen. Dann mithilfe des Backpapiers aus der Form lösen und im Ofen auf dem Rost noch etwa 45 Minuten knusprig backen.

4. Das Brot herausnehmen, das Backpapier ablösen und das Brot auf einem Kuchengitter vollständig auskühlen lassen. Vor dem Anschneiden einen Tag ruhen lassen, dann ist es stabiler und lässt sich besser schneiden. Das Brot kann im Kühlschrank etwa 1 Woche aufbewahrt werden. Es lässt sich aber auch sehr gut, in Scheiben geschnitten, einfrieren und bei Bedarf portionsweise im Toaster aufbacken.

ROGGENBRÖTCHEN MIT SAUERTEIG

FÜR 10 BRÖTCHEN

75 g flüssiger Natursauerteig
250 g Roggenvollkornmehl
250 g Dinkelmehl (Type 1050)
1 TL Salz
1 TL Brotgewürz
10 g frische Hefe
1 TL Ahornsirup
etwas Mehl zum Arbeiten
10 g Sonnenblumenkerne
10 g zarte Haferflocken

NÄHRWERTE PRO STÜCK (À CA. 65 G):
ca. 200 kcal, 7 g EW, 1 g F,
36 g KH, 6 g BST

Zubereitung: 30 Minuten
Gehen: 15 ½ Stunden
Backen: 30 Minuten

1. Am Vorabend den Sauerteig in einer Rührschüssel mit ¼ l lauwarmem Wasser verrühren. Das Roggenmehl dazugeben und gut unterrühren. Den Sauerteigansatz abgedeckt bei Zimmertemperatur etwa 12 Stunden, am besten über Nacht, gehen lassen.

2. Am nächsten Tag das Dinkelmehl mit Salz und Brotgewürz in einer großen Schüssel mischen. Die Hefe zerbröckeln und mit dem Ahornsirup in 50 ml lauwarmem Wasser auflösen. Hefe-Mix und Sauerteigansatz zum Dinkelmehl geben und alles mit den Knethaken des Handrührgeräts etwa 5 Minuten verkneten, bis ein glatter, geschmeidiger Teig entstanden ist. Abgedeckt an einem warmen Ort (z. B. bei ca. 40 °C im Backofen) etwa 2 Stunden gehen lassen.

3. Danach den Teig auf der leicht bemehlten Arbeitsfläche nochmals 5 Minuten durchkneten, dabei, falls nötig, noch etwas Mehl einarbeiten. Den Teig nochmals 1 Stunde gehen lassen. Ein Backblech mit Backpapier belegen.

4. Aus dem Teig 10 gleich große Portionen abstechen, jede Teigportion mit leicht bemehlten Händen zu einem Brötchen formen. Nebeneinander auf das Blech setzen und abgedeckt etwa 30 Minuten gehen lassen. Den Backofen rechtzeitig auf 220 °C vorheizen, dabei ein ofenfestes Gefäß mit Wasser auf den Ofenboden stellen.

5. Die Sonnenblumenkerne und Haferflocken mischen. Die Teiglinge einschneiden, mit etwas Wasser bestreichen und mit dem Kerne-Mix bestreuen, die Kerne leicht andrücken. Die Brötchen im Ofen auf der 2. Schiene von unten etwa 15 Minuten backen.

6. Dann die Hitze auf 190 °C reduzieren und die Brötchen noch etwa 15 Minuten fertig backen. Herausnehmen und auf einem Kuchengitter abkühlen lassen.

TOMATEN-AVOCADO-SALAT AUF FRISCHKÄSE

NÄHRWERTE PRO PORTION:
ca. 560 kcal, 27 g EW, 30 g F, 39 g KH, 11 g BST

Zubereitung: 15 Minuten

FÜR 2 PERSONEN

1 EL Pinienkerne
250 g bunte Cocktailtomaten
1 Avocado ✷
1 EL Limettensaft
2 Frühlingszwiebeln
3 Stiele Basilikum
1 EL Aceto balsamico bianco
2 EL Olivenöl
Salz | Pfeffer
300 g körniger Frischkäse
¼ TL rosenscharfes Paprikapulver
2 Scheiben Vollkornbrot (à ca. 60 g)

1. Die Pinienkerne in einer kleinen Pfanne ohne Fett hell anrösten. Herausnehmen und abkühlen lassen.

2. Die Tomaten waschen und halbieren. Die Avocado halbieren, entkernen und das Fruchtfleisch aus den Schalen lösen. In etwa 1 cm große Würfel schneiden und sofort mit dem Limettensaft beträufeln, damit sich die Avocado nicht bräunlich verfärbt.

3. Die Frühlingszwiebeln putzen, waschen und das Weiße und Hellgrüne in dünne Ringe schneiden. Das Basilikum waschen, trocken tupfen und die Blätter abzupfen. Einige Blätter zum Garnieren beiseitelegen, den Rest in feine Streifen schneiden. Tomaten, Avocado, Frühlingszwiebeln und Basilikumstreifen mit Essig und Olivenöl vorsichtig mischen, mit Salz und Pfeffer würzen.

4. Zum Servieren den Frischkäse auf Tellern verteilen und mit dem Paprikapulver bestäuben. Den Tomaten-Avocado-Salat darauf anrichten, mit dem beiseitegelegten Basilikum garnieren und mit den Pinienkernen bestreuen. Je 1 Scheibe Brot dazu reichen.

✷ Avocados dürfen ab sofort öfter in Salat, Dip oder Dessert. Denn die grünen Früchte liefern pro 100 Gramm gut 1,6 Gramm mehrfach ungesättigte und etwa 8 Gramm einfach ungesättigte Fettsäuren. Beide Fettsäuren helfen, stille Entzündungen im Stoffwechsel zu bremsen – ein wichtiger Ansatz im Kampf gegen Autoimmunkrankheiten wie Hashimoto. Zudem punkten die grünen Früchte mit Phytonährstoffen und bioaktiven Substanzen. Beim Einkauf am besten auf fair gehandelte Ware in Bioqualität achten!

ASIA-FLOCKENSUPPE MIT BUNTEM GEMÜSE

NÄHRWERTE PRO PORTION:
ca. 305 kcal, 9 g EW, 15 g F, 27 g KH, 9 g BST

Zubereitung: 25 Minuten

FÜR 2 PERSONEN

1 kleine rote Zwiebel
30 g Ingwer ✷
2 Möhren
100 g Zuckerschoten
1 EL helles Sesamöl
4 EL kernige Haferflocken
600 ml vegane Gemüsebrühe
2–3 EL Sojasauce (z. B. Tamari)
1 EL ungeschälter Sesam
6 Stiele Koriandergrün
1–2 TL Limettensaft
1 Msp. Chilipulver

1. Die Zwiebel schälen, halbieren und in feine Streifen schneiden. Den Ingwer schälen und in ebenfalls feine Streifen schneiden. Die Möhren putzen, schälen und schräg in dünne Scheiben schneiden. Die Zuckerschoten putzen, waschen und schräg halbieren.

2. Das Öl in einem Topf erhitzen und Zwiebel, Ingwer, Möhren und Haferflocken darin bei mittlerer Hitze 3 bis 4 Minuten andünsten. Die Brühe und 2 EL Sojasauce dazugießen und alles einmal aufkochen. Dann die Suppe mit geschlossenem Deckel bei mittlerer Hitze etwa 5 Minuten köcheln lassen. Die Zuckerschoten hinzufügen und etwa 2 Minuten mitgaren.

3. Inzwischen den Sesam in einer kleinen Pfanne ohne Fett hell anrösten. Herausnehmen und abkühlen lassen. Den Koriander waschen, trocken tupfen und die Blätter abzupfen.

4. Zum Servieren die Suppe mit Sojasauce, Limettensaft und Chilipulver abschmecken. In Schalen oder tiefen Tellern anrichten und mit Sesam und Koriandergrün bestreuen.

✷ Ingwer gilt völlig zu Recht als Superfood, denn die Wurzel enthält reichlich sekundäre Pflanzenstoffe wie Polyphenole und Antioxidanzien. In Studien konnte nachgewiesen werden, dass Ingwer antientzündlich wirkt und positive Effekte auf den Glukose- und Fettstoffwechsel hat. Wer sich entzündungshemmend ernähren möchte, sollte Ingwer möglichst täglich beim Kochen verwenden oder als Tee genießen.

CHAMPIGNONRÜHREI MIT PAPRIKA-SALSA

NÄHRWERTE PRO PORTION:
ca. 575 kcal, 26 g EW, 44 g F, 15 g KH, 9 g BST

Zubereitung: 20 Minuten

FÜR 2 PERSONEN

200 g bunte Snack-Paprikaschoten
5 Stiele Petersilie | 2 EL Zitronensaft
2 EL Olivenöl | Salz | Pfeffer
1 kleine Zwiebel
100 g kleine braune Champignons
4 Eier (Größe M) ✷
3 EL Sahne
½ TL geräuchertes Paprikapulver (ersatzweise edelsüßes)
2 Scheiben Möhrenbrot mit Kürbiskernen (siehe Seite 78, à ca. 60 g; ersatzweise Vollkornbrot)

1. Für die Salsa die Paprikaschoten längs halbieren, putzen, waschen und etwa ½ cm klein würfeln. Die Petersilie waschen, trocken tupfen und die Blätter abzupfen. Einige Blätter zum Garnieren beiseitelegen, den Rest fein hacken. Die Paprikawürfel mit Zitronensaft, gehackter Petersilie und 1 EL Öl mischen und die Salsa mit Salz und Pfeffer würzen.

2. Die Zwiebel schälen und fein würfeln. Die Pilze putzen, falls nötig, trocken abreiben und in dünne Scheiben schneiden. Die Eier mit Sahne, Salz, Pfeffer und Paprikapulver verquirlen.

3. In einer mittelgroßen Pfanne das übrige Öl erhitzen und die Zwiebel darin bei mittlerer Hitze andünsten. Die Pilze dazugeben und 2 bis 3 Minuten mitbraten. Danach die Eiermasse darübergeben und mitgaren, dabei mit einem Pfannenwender immer wieder vom Rand zur Mitte schieben, bis das Rührei nach 3 bis 4 Minuten gestockt ist.

4. Zum Servieren das Pilzrührei auf Tellern anrichten und die Paprika-Salsa daraufgeben. Mit der beiseitegelegten Petersilie garnieren und jeweils 1 Scheibe Möhrenbrot mit Kürbiskernen dazu reichen.

✷ Der Mythos vom ungesunden Frühstücksei ist inzwischen wissenschaftlich widerlegt. Eier liefern zwar Cholesterin, aber das wirkt sich kaum auf den Cholesterinspiegel im Blut aus. Cholesterin ist sogar in Maßen gesund, weil es im Stoffwechsel eine Vorstufe für Vitamin D bildet, mit dem Hashimoto-Betroffene ausreichend versorgt sein sollten. Zudem liefern Eier hochwertiges Protein, das uns lang anhaltend satt macht.

SPROSSENOMELETT MIT TOMATEN-CHUTNEY

FÜR 2 PERSONEN

250 g Cocktailtomaten
3 EL Olivenöl
1 EL Aceto balsamico bianco
½ TL getr. Thymian
Salz | Pfeffer
2 dünne Frühlingszwiebeln
½ rote Pfefferschote (Peperoni)
4 Eier (Größe M)
3 EL Sahne
20 g Rucola
75 g Sprossen (z. B. von Alfalfa, Mungobohnen oder Radieschen)
2 TL Butter

NÄHRWERTE PRO PORTION:

ca. 460 kcal, 18 g EW, 38 g F, 10 g KH, 3 g BST

Zubereitung: 35 Minuten

1. Für das Chutney die Tomaten waschen, halbieren und in einer Pfanne in 1 EL Öl erhitzen. Essig und Thymian dazugeben und alles mit geschlossenem Deckel bei schwacher Hitze 3 bis 4 Minuten dünsten. Dann mit Salz und Pfeffer würzen, vom Herd nehmen und lauwarm abkühlen lassen.

2. Inzwischen die Frühlingszwiebeln putzen, waschen und das Weiße und Hellgrüne in dünne Ringe schneiden. Die Peperoni längs halbieren, putzen, waschen und in kleine Würfel schneiden. Die Eier und Sahne verquirlen, mit Salz und Pfeffer würzen, dann Frühlingszwiebeln und Peperoni unterrühren.

3. Den Rucola verlesen, waschen und trocken schleudern, dabei grobe Stiele entfernen. Den Rucola hacken und die Hälfte unter den Eier-Mix mischen. Die Sprossen in einem Sieb abbrausen und gut abtropfen lassen.

4. Den Backofen auf 100 °C vorheizen. Pro Omelett 1 EL Öl und 1 TL Butter in einer kleinen beschichteten Pfanne (ca. 20 cm Durchmesser) erhitzen. Die Hälfte der Eier-Gemüse-Masse hineingießen und mit geschlossenem Deckel bei mittlerer Hitze etwa 4 Minuten stocken lassen. Herausnehmen und im Ofen auf einem Teller warm halten. Aus den übrigen Zutaten wie beschrieben ein zweites Omelett backen.

5. Zum Servieren die Omeletts auf Tellern anrichten und mit den Sprossen und dem übrigen Rucola bestreuen, das Tomaten-Chutney in die Mitte setzen.

SPIEGELEI MIT SCHINKEN UND RADIESCHENJOGHURT

NÄHRWERTE PRO PORTION:
ca. 490 kcal, 37 g EW, 26 g F, 24 g KH, 5 g BST

Zubereitung: 25 Minuten

FÜR 2 PERSONEN

75 g Radieschen ✷
75 g Cornichons (aus dem Glas)
1 Schalotte
100 g Joghurt (3,5 % Fett)
100 g Magerquark
1 EL Weißweinessig
½ TL scharfer Senf
Salz | Pfeffer
½ Beet Kresse ✷
2 EL Olivenöl
4 Eier (Größe M)
100 g Putenbrustaufschnitt (in dünnen Scheiben)
2 Scheiben Pumpernickel (à ca. 40 g)

1. Die Radieschen putzen und waschen, die Cornichons abtropfen lassen und beides in etwa ½ cm kleine Würfel schneiden. Die Schalotte schälen und fein würfeln.

2. Den Joghurt mit dem Quark, Essig und Senf glatt verrühren. Radieschen, Cornichons und Schalotte unterrühren, mit Salz und Pfeffer abschmecken. Die Kresse vom Beet abschneiden, waschen und trocken tupfen, etwa zwei Drittel unter den Joghurtdip mischen.

3. Das Öl in einer großen beschichteten Pfanne erhitzen. Die Eier nacheinander aufschlagen und in die Pfanne geben, darin bei mittlerer Hitze 5 bis 6 Minuten braten. Die Spiegeleier mit Salz und Pfeffer würzen.

4. Zum Servieren die Spiegeleier mit dem Putenbrustaufschnitt und dem Radieschenjoghurt auf Tellern anrichten und mit der übrigen Kresse bestreuen. Jeweils 1 Scheibe Pumpernickel dazu reichen.

✷ Was haben Radieschen und Kresse gemeinsam? Beide gehören botanisch zur Familie der Kreuzblütler und enthalten daher besonders viele Glucosinolate (Senfölglykoside). Deren Abbauprodukten werden entzündungs- und krebshemmende Eigenschaften zugeschrieben. Zu dieser „schrecklich netten Familie" zählen übrigens auch weitere Kohlsorten wie Blumenkohl, Brokkoli oder Rotkohl sowie Rucola und Meerrettich.

GRAPEFRUIT-HIMBEER-SMOOTHIE

FÜR 2 GLÄSER (À CA. 400 ML)

100 g Himbeeren
1 rosa Grapefruit
150 g Joghurt (1,5 % Fett)
200 ml ungesüßter Mandeldrink
60 g zarte Haferflocken
2 TL flüssiger Honig
2 TL Chiasamen

NÄHRWERTE PRO PORTION:

ca. 290 kcal, 10 g EW, 6 g F, 39 g KH, 9 g BST

Zubereitung: 15 Minuten

1. Die Himbeeren verlesen, waschen und trocken tupfen, in den Mixer geben. Die Grapefruit so großzügig schälen, dass auch die weiße Haut fast vollständig mit entfernt wird. Die Grapefruit in die Segmente teilen und diese nochmals in kleinere Stücke schneiden, dabei den austretenden Saft auffangen.

2. Grapefruitstücke und aufgefangenen Saft mit Joghurt, Mandeldrink, Haferflocken und Honig zu den Himbeeren in den Mixer geben. Alles erst auf niedriger, dann auf höchster Stufe fein pürieren. Falls der Drink zu dickflüssig ist, noch bis zu 50 ml Wasser untermixen.

3. Zum Servieren den Smoothie auf Gläser verteilen, jeweils mit 1 TL Chiasamen bestreuen und am besten sofort genießen.

MANGOLD-GRÜNTEE-SMOOTHIE

FÜR 2 GLÄSER (À CA. 350 ML)

1 TL loser grüner Tee Vanille
1 große Orange
1 kleine Banane
75 g junge Mangoldblätter (nur das Grün, ohne Stiele!)
1 Beet Kresse
1 EL Zitronensaft
2 TL Hanf- oder Walnussöl

NÄHRWERTE PRO PORTION:

ca. 150 kcal, 3 g EW, 6 g F, 18 g KH, 5 g BST

Zubereitung: 20 Minuten

1. In einem Wasserkocher ¼ l Wasser erhitzen und etwa 5 Minuten abkühlen lassen. Dann den losen Grüntee damit in einer Kanne aufgießen. Den Tee 2 bis 3 Minuten ziehen lassen, anschließend durch ein Sieb abgießen und vollständig abkühlen lassen.

2. Inzwischen die Orange so großzügig schälen, dass auch die weiße Haut mit entfernt wird. Die Orange in die Segmente teilen und diese in Stücke schneiden, dabei den austretenden Saft auffangen. Die Banane schälen und grob in Stücke schneiden. Die Mangoldblätter (die Stiele anderweitig verwenden!) verlesen, waschen und noch tropfnass mit Orange, Orangensaft und Banane in den Standmixer geben.

3. Die Kresse vom Beet abschneiden, waschen und mit Zitronensaft und Hanf- oder Walnussöl in den Mixer hinzufügen. Den Grüntee dazugießen und alles erst auf niedriger, dann auf höchster Stufe fein pürieren.

4. Zum Servieren den Smoothie auf Gläser verteilen, nach Belieben mit etwas Kresse garnieren und möglichst sofort genießen.

WARME MAHLZEITEN

Gesund essen geht ganz einfach: Wir kombinieren eine ordentliche Portion Eiweiß – am besten aus pflanzlichen Quellen – mit reichlich Gemüse und gesunden Fetten. Als i-Tüpfelchen kommen dann noch vitalstoffreiche Samen, Kräuter und Gewürze dazu.

GEDÄMPFTES GEMÜSE MIT ZITRUSBUCHWEIZEN

NÄHRWERTE PRO PORTION:
ca. 520 kcal, 16 g EW, 20 g F, 62 g KH, 12 g BST

Zubereitung: 45 Minuten

FÜR 2 PERSONEN
300 g Blumenkohl (ohne grüne Blätter)
250 g grüner Spargel
150 g Möhren
100 g Zuckerschoten
½ Bio-Zitrone
1 EL Olivenöl
125 g Buchweizen
1 Lorbeerblatt
600 ml glutenfreie Gemüsebrühe
Salz | Pfeffer
150 g griech. Joghurt (10 % Fett)
2 EL Mineralwasser mit Kohlensäure

1. Den Blumenkohl putzen, waschen und in Röschen teilen. Den Spargel waschen, im unteren Drittel schälen und die holzigen Enden abschneiden, die Stangen quer halbieren, dickere zusätzlich längs. Die Möhren putzen, waschen, je nach Dicke längs halbieren oder vierteln. Die Zuckerschoten putzen und waschen, größere Exemplare diagonal halbieren. Die Zitrone heiß waschen, abtrocknen und mit dem Sparschäler 2 bis 3 Schalenstreifen abziehen, anschließend 2 TL Saft auspressen.

2. In einem breiten Topf mit passendem Dämpfeinsatz das Öl erhitzen und den Buchweizen darin bei mittlerer Hitze etwa 3 Minuten hell anrösten, dabei ab und zu umrühren. Lorbeerblatt und Zitronenschale dazugeben und so viel Brühe dazugießen, dass der Topf bis zu einem Drittel gefüllt ist. Das Gemüse im Dämpfeinsatz verteilen, salzen und pfeffern und auf die kochende Brühe mit dem Buchweizen setzen. Alles mit geschlossenem Deckel bei mittlerer Hitze 12 bis 15 Minuten bissfest garen.

3. Inzwischen den Joghurt mit dem Mineralwasser und dem Zitronensaft verrühren, salzen und pfeffern. Anschließend das Gemüse im Dämpfer herausnehmen und warm halten. Den Buchweizen in ein Sieb abgießen und gut abtropfen lassen, dabei Lorbeer und Zitronenschale wieder entfernen.

4. Zum Servieren den Buchweizen nochmals mit Salz und Pfeffer abschmecken. Dann mit dem Gemüse auf Tellern anrichten und mit der Joghurtsauce beträufeln.

GEMÜSE-PAELLA MIT ARTISCHOCKEN

NÄHRWERTE PRO PORTION:
ca. 510 kcal, 14 g EW, 18 g F, 62 g KH, 18 g BST

Zubereitung: 45 Minuten

FÜR 2 PERSONEN
1 rote Zwiebel ✳ | 1 Knoblauchzehe
1 kleine Fenchelknolle (mit Grün)
2 EL Olivenöl
125 g Vollkornreis (Mittelkorn)
½ TL rosenscharfes Paprikapulver
350 ml vegane glutenfreie Gemüsebrühe | Salz | Pfeffer
je 1 rote und gelbe Paprikaschote
150 g Artischockenherzen (aus der Dose) | 1 EL Mandeln
50 g tiefgekühlte Erbsen
50 g Cocktailtomaten
1 EL gehackte Petersilie

1. Die Zwiebel schälen, halbieren und in Streifen schneiden. Den Knoblauch schälen und fein würfeln. Den Fenchel putzen, waschen, vierteln und quer in etwa 1 cm breite Streifen schneiden, das Fenchelgrün beiseitelegen.

2. Zwiebel, Knoblauch und Fenchel in einer großen Pfanne im Öl bei mittlerer Hitze 2 bis 3 Minuten unter Wenden andünsten, dann herausnehmen. Den Reis ins verbliebene Bratfett geben, mit Paprikapulver würzen und 1 bis 2 Minuten dünsten. Die Brühe angießen, alles mit Salz und Pfeffer würzen und einmal kurz aufkochen. Dann den Reis mit geschlossenem Deckel bei schwacher Hitze etwa 15 Minuten quellen lassen, dabei ab und zu umrühren.

3. Inzwischen die Paprikaschoten längs vierteln, putzen, waschen und in etwa 1½ cm große Stücke schneiden, mit dem Fenchel-Mix zum Reis geben und alles noch etwa 15 Minuten garen. Die Artischocken abtropfen lassen und je nach Größe längs halbieren oder vierteln. Die Mandeln grob hacken. Die Erbsen antauen lassen. Die Tomaten waschen und halbieren. Artischocken, Mandeln, Erbsen und Tomaten unter die Paella rühren und alles noch etwa 3 Minuten garen.

4. Zum Servieren die Paella mit Salz und Pfeffer abschmecken, auf Tellern anrichten und mit Petersilie und Fenchelgrün bestreuen. Nach Belieben Bio-Zitronenspalten dazu reichen.

✳ Die Zwiebel ist ein echter Tausendsassa, denn sie punktet mit den sekundären Pflanzenstoffen der Sulfide. Diese Schwefelverbindungen sollen das Risiko für einige Krebserkrankungen verringern. Vor allem in roten Zwiebeln stecken außerdem Flavonoide, die entzündungshemmend wirken.

BUNTE PAPRIKA-FRITTATA MIT RICOTTA

FÜR 2 PERSONEN

200 g kleine gegarte Pellkartoffeln (vom Vortag) ✷
je 1 rote und grüne Paprikaschote
40 g schwarze Oliven (ohne Stein; z. B. Kalamata)
125 g Ricotta
5 Eier (Größe M)
Salz | Pfeffer
frisch gemahlene Muskatnuss
2 EL Olivenöl
1 Handvoll Rucola (ca. 20 g)

NÄHRWERTE PRO PORTION:

ca. 550 kcal, 27 g EW, 36 g F, 26 g KH, 6 g BST

Zubereitung: 30 Minuten
Garen: 15 Minuten

1. Den Backofen auf 180 °C vorheizen. Die Kartoffeln pellen und quer in Scheiben schneiden. Die Paprikaschoten vierteln, putzen, waschen und quer in dünne Streifen schneiden. Die Oliven abtropfen lassen und quer halbieren. 100 g Ricotta und die Eier in einem hohen Rührbecher mit dem Stabmixer glatt pürieren, mit Salz, Pfeffer und 1 Prise Muskatnuss würzen.

2. Das Öl in einer beschichteten, ofenfesten Pfanne (ca. 24 cm Durchmesser) erhitzen und Kartoffeln und Paprika darin bei mittlerer Hitze 8 bis 10 Minuten anbraten. Eier-Ricotta-Masse darübergießen, Oliven darauf verteilen und den übrigen Ricotta darüberbröckeln. Die Frittata mit geschlossenem Deckel 2 bis 3 Minuten stocken lassen, dann offen im Ofen auf der mittleren Schiene etwa 15 Minuten fertig backen. Die Eiermasse soll durchgehend gestockt sein.

3. Inzwischen den Rucola verlesen, waschen und trocken schleudern, dabei grobe Stiele entfernen. Die Frittata aus dem Ofen nehmen, vorsichtig vom Pfannenrand lösen und auf einen großen Teller gleiten lassen. Zum Servieren die Frittata am besten noch warm in Stücke schneiden, auf Tellern anrichten und mit dem Rucola bestreuen. Sie schmeckt auch kalt und lässt sich prima mitnehmen.

✷ Gute Nachrichten für Kartoffel-Fans: Wenn man die Knollen bereits am Vortag gart und dann mind. 12 Stunden abkühlen lässt, bauen sich die enthaltenen Kohlenhydrate zum Großteil in sogenannte resistente Stärke um. Diese gilt als besonderer Ballaststoff, stärkt das Mikrobiom und hilft beim Abnehmen, weil sie mit weniger Kalorien lange satt macht.

QUINOA-BOWL MIT GRÜNEM GEMÜSE

NÄHRWERTE PRO PORTION:
ca. 610 kcal, 20 g EW, 31 g F, 56 g KH, 12 g BST

Zubereitung: 45 Minuten

FÜR 2 PERSONEN

100 g rote Quinoa
200 ml glutenfreie Gemüsebrühe
250 g grüner Spargel
3 EL Olivenöl | Salz | Pfeffer
3 Frühlingszwiebeln
½ junger Kohlrabi (ca. 150 g)
100 g tiefgekühlte Erbsen
25 g junger Spinat | 4 Radieschen
50 g Heidelbeeren
200 g Joghurt (3,5 % Fett)
1 EL Cashewmus
1 Msp. Chiliflocken

1. Die Quinoa in einem Sieb kalt abbrausen, kurz abtropfen lassen und in einem Topf mit der Brühe aufkochen. Mit geschlossenem Deckel bei schwacher Hitze etwa 15 Minuten köcheln lassen, dann auf der abgeschalteten Herdplatte noch 10 Minuten quellen lassen. Abgedeckt warm halten.

2. Inzwischen den Spargel waschen, im unteren Drittel schälen und die holzigen Enden abschneiden, dicke Stangen längs halbieren. In einer Pfanne 2 EL Öl erhitzen und den Spargel darin bei mittlerer bis starker Hitze 5 bis 7 Minuten anbraten, zwischendurch wenden. Mit Salz und Pfeffer abschmecken und abgedeckt warm halten.

3. Die Frühlingszwiebeln putzen, waschen und das Weiße und Hellgrüne in dünne Ringe schneiden. Den Kohlrabi putzen, schälen und etwa 1 cm groß würfeln. Beides in einem Topf im übrigen Öl (1 EL) bei mittlerer Hitze etwa 2 Minuten anbraten. Erbsen und 2 EL Wasser dazugeben, salzen und pfeffern. Das Gemüse mit geschlossenem Deckel bei mittlerer Hitze etwa 10 Minuten dünsten.

4. Währenddessen den Spinat verlesen, waschen und trocken schleudern, dabei grobe Stiele entfernen. Die Radieschen putzen, waschen und in dünne Scheiben schneiden. Die Heidelbeeren verlesen, waschen und trocken tupfen. Für den Dip Joghurt, Cashewmus, Salz und Pfeffer verrühren, mit Chili bestreuen.

5. Zuletzt zum Servieren die Quinoa auf Schalen (Bowls) verteilen, den Spargel samt Garsud, das Kohlrabi-Erbsen-Gemüse, die Radieschen und den Spinat nebeneinander darauf anrichten. Mit den Heidelbeeren bestreuen und den Dip sowie nach Belieben einige Cashewkerne dazu reichen.

ROTE-LINSEN-PASTA MIT PILZSUGO

NÄHRWERTE PRO PORTION:
ca. 500 kcal, 33 g EW, 16 g F, 52 g KH, 10 g BST

Zubereitung: 35 Minuten

FÜR 2 PERSONEN

160 g Rote-Linsen-Nudeln (z. B. Spirelli)
Salz
400 g Pilze (z. B. Austernpilze, Champignons, Kräuterseitlinge) ✷
1 Zwiebel
1 Knoblauchzehe
30 g Parmesan (am Stück)
2 EL Olivenöl | Pfeffer
1 TL Tomatenmark
1 Dose Cocktailtomaten (400 g; ersatzweise stückige Tomaten)
½ TL getr. Rosmarin
4 Stiele Basilikum

1. Die Nudeln in reichlich kochendem Salzwasser nach Packungsanweisung 8 bis 9 Minuten bissfest garen, dabei gegen Ende der Garzeit etwa 150 ml Kochwasser abnehmen.

2. Inzwischen die Pilze putzen, falls nötig, trocken abreiben und je nach Größe halbieren, in Scheiben oder mundgerechte Stücke schneiden. Die Zwiebel schälen, halbieren und in feine Streifen schneiden. Den Knoblauch schälen und fein würfeln. Den Parmesan mit dem Sparschäler in Späne hobeln.

3. In einer großen Pfanne das Öl erhitzen und die Pilze darin bei starker Hitze rundum unter Wenden 3 bis 4 Minuten hellbraun anbraten, salzen und pfeffern. Zwiebel und Knoblauch hinzufügen und 1 bis 2 Minuten mitbraten. Tomatenmark, Cocktailtomaten und etwa 150 ml Nudelkochwasser untermischen. Alles mit Rosmarin, Salz und Pfeffer abschmecken und offen bei mittlerer Hitze etwa 5 Minuten dünsten.

4. Die Nudeln in ein Sieb abgießen, kurz abtropfen lassen und tropfnass unter den Pilz-Sugo mischen. Zum Servieren das Basilikum waschen, trocken tupfen und die Blätter abzupfen. Die Pilz-Pasta in tiefen Tellern anrichten und mit Parmesan und Basilikum bestreuen.

✷ Hätten Sie's gewusst? Pilze zählen zu den pflanzlichen Lebensmitteln mit einem der höchsten Selen-Anteile. Dieses Spurenelement ist für Hashimoto-Betroffene besonders wichtig, denn Selen ist Bestandteil eines Enzyms, das bei der Umwandlung von T4 in T3 hilft (siehe Seite 8 ff.). Zudem gilt Selen als sehr effektives Antioxidans und bekämpft freie Radikale im Stoffwechsel.

ZUCCHINI-SPAGHETTI MIT MANDEL-TOMATEN-PESTO

FÜR 2 PERSONEN

30 g gemahlene Mandeln
4 Stiele Basilikum
20 g getr. Tomaten
½ Bio-Limette
4 EL Olivenöl
Salz | Pfeffer
120 g Emmer-Vollkornspaghetti (ersatzweise Pasta aus Dinkelvollkorn) ✷
je 1 grüne und gelbe Zucchini (à ca. 200 g)
2 Frühlingszwiebeln
100 g Feta (Schafskäse)

NÄHRWERTE PRO PORTION:
ca. 700 kcal, 23 g EW, 42 g F, 50 g KH, 10 g BST

Zubereitung: 30 Minuten

1. Die Mandeln in einer kleinen Pfanne ohne Fett hell anrösten. Herausnehmen und abkühlen lassen. Das Basilikum waschen, trocken tupfen, die Blätter abzupfen und einige zum Garnieren beiseitelegen, den Rest grob hacken. Die Tomaten fein würfeln. Die Limette heiß waschen, abtrocknen, die Schale fein abreiben und 2 TL Saft auspressen. Mandeln, Tomaten, Basilikum, Limettenschale und -saft mit dem Öl im Blitzhacker zu einem geschmeidigen Pesto zerkleinern. Mit Salz und Pfeffer abschmecken.

2. Die Spaghetti in einem Topf in reichlich kochendem Salzwasser nach Packungsanweisung 8 bis 10 Minuten bissfest garen.

3. Inzwischen die Zucchini putzen, waschen und mit dem Spiralschneider in lange, dünne Streifen (Zoodles) schneiden. Etwa 2 Minuten vor Garzeitende zu den Nudeln ins Kochwasser geben. Alles nochmals aufkochen und etwa 2 Minuten fertig garen. Währenddessen die Frühlingszwiebeln putzen, waschen und schräg in dünne Ringe schneiden.

4. Die Zucchini-Pasta in ein Sieb abgießen und tropfnass in einer Schüssel mit Pesto und Frühlingszwiebeln mischen. Die Pasta in tiefen Tellern anrichten, den Feta darüberbröckeln und mit dem beiseitegelegten Basilikum garnieren.

✷ Nudeln, Reis, Flocken, Mehl – setzen Sie, wo immer es möglich ist, auf die Vollkornvariante! Denn diese Produkte enthalten noch alle Bestandteile des vollen Korns, vor allem die wertvollen Ballaststoffe. Diese lassen sich nicht so schnell verdauen und in Glukose abbauen: Das stärkt unser Mikrobiom und hält uns deutlich länger satt.

MINESTRONE VON DREIERLEI BOHNEN

NÄHRWERTE PRO PORTION:
ca. 570 kcal, 24 g EW, 29 g F, 45 g KH, 13 g BST

Zubereitung: 40 Minuten

FÜR 2 PERSONEN

1 Zwiebel | 1 Knoblauchzehe
250 g grüne Bohnen ✷
250 g breite Stangenbohnen
2 Tomaten | 4 Zweige Bohnenkraut
50 g kleine Dinkelvollkornnudeln (z. B. Spirelli) | Salz
3 EL Olivenöl
2 TL Tomatenmark
¾ l Gemüsebrühe | Pfeffer
40 g italienischer Hartkäse (z. B. Grana padano; am Stück)
1 Dose weiße Bohnen (240 g Abtropfgewicht)

1. Zwiebel und Knoblauch schälen und fein würfeln. Die Bohnen putzen und waschen, die grünen Bohnen halbieren, die breiten Bohnen schräg in 1 bis 2 cm breite Streifen schneiden. Die Tomaten waschen und in grobe Stücke schneiden, dabei die Stielansätze entfernen. Bohnenkraut waschen, trocken tupfen und die Blätter abzupfen, einige Blätter zum Garnieren beiseitelegen, den Rest fein hacken.

2. Inzwischen die Nudeln in reichlich kochendem Salzwasser nach Packungsanweisung bissfest garen, dann in ein Sieb abgießen und abtropfen lassen.

3. Zwiebel und Knoblauch in einem Topf im Öl bei mittlerer Hitze 1 bis 2 Minuten andünsten. Das Tomatenmark dazugeben und kurz mitrösten. Die Brühe dazugießen, alles salzen und pfeffern und einmal kurz aufkochen. Dann Bohnen, Bohnenkraut und Tomaten dazugeben und die Minestrone mit geschlossenem Deckel bei mittlerer Hitze etwa 10 Minuten garen.

4. Den Käse mit dem Sparschäler in Späne hobeln. Die weißen Bohnen in einem Sieb abbrausen und abtropfen lassen. Nach etwa 10 Minuten Garzeit mit den Nudeln in den Eintopf geben und die Minestrone bei schwacher Hitze weitere 2 Minuten garen.

5. Zum Servieren die Minestrone salzen und pfeffern, auf tiefe Teller verteilen und mit beiseitegelegtem Bohnenkraut und Käse bestreuen.

✷ Egal ob grün oder weiß – Bohnen sind wie alle Hülsenfrüchte gute Quellen für hochwertiges Pflanzeneiweiß. Außerdem liefern sie komplexe Kohlenhydrate, die im Darm nur langsam abgebaut werden. Eiweißreiche Gerichte sind bei Hashimoto empfehlenswert, denn sie halten uns lange satt und verhindern Heißhungerattacken mit Snack-Gelüsten.

FÜR 2 PERSONEN

300 g Knollensellerie
200 g vorwiegend festkochende Kartoffeln
Salz
4 Stiele Petersilie
30 g frischer Meerrettich
400 g Rotkohl
4 EL Rapsöl
2 EL Apfelessig
50 ml glutenfreie Gemüsebrühe
Pfeffer | 2 Wildlachsfilets (à ca. 160 g)
frisch geriebene Muskatnuss

LACHS MIT ROTKOHL UND SELLERIESTAMPF

NÄHRWERTE PRO PORTION:
ca. 620 kcal, 38 g EW, 38 g F,
25 g KH, 10 g BST

Zubereitung: 45 Minuten

1. Für den Stampf den Sellerie und die Kartoffeln schälen, waschen und in grobe Würfel schneiden. In einem Topf in Salzwasser mit geschlossenem Deckel bei mittlerer Hitze etwa 20 Minuten weich garen, dann abgießen und kurz ausdampfen lassen.

2. Inzwischen die Petersilie waschen, trocken tupfen, die Blätter abzupfen und grob hacken. Den Meerrettich schälen und auf der Gemüsereibe fein raspeln. Vom Rotkohl die äußeren Blätter entfernen, den Kohl halbieren und den harten Strunk entfernen, dann den Kohl in feine Streifen schneiden.

3. In einem breiten Topf 2 EL Öl erhitzen und den Rotkohl darin bei mittlerer bis starker Hitze 8 bis 10 Minuten andünsten. Nach der Hälfte der Garzeit mit Essig und Brühe ablöschen, salzen und pfeffern, abgedeckt warm halten.

4. Die Lachsfilets waschen, trocken tupfen, salzen und pfeffern. Das übrige Öl (2 EL) in einer beschichteten Pfanne erhitzen und den Fisch darin bei mittlerer bis starker Hitze auf jeder Seite etwa 3 Minuten braten.

5. Währenddessen den Kartoffel-Sellerie-Mix im Topf mit dem Kartoffelstampfer grob zerdrücken und mit Salz, Pfeffer und Muskat würzen. Die Hälfte der Petersilie untermischen.

6. Zum Servieren den Lachs mit dem Kartoffel-Sellerie-Stampf und dem Rotkohl auf Tellern anrichten und mit dem geriebenen Meerrettich und der übrigen Petersilie bestreuen.

BOHNEN-RATATOUILLE MIT DORADENFILETS

NÄHRWERTE PRO PORTION:
ca. 470 kcal, 36 g EW, 25 g F, 19 g KH, 8 g BST

Zubereitung: 35 Minuten

FÜR 2 PERSONEN

1 Aubergine (ca. 300 g) | Salz
je 1 rote und gelbe Paprikaschote
1 kleine rote Zwiebel
1 Knoblauchzehe
6 Zweige Thymian | 4 EL Olivenöl
1 TL edelsüßes Paprikapulver
2 TL Tomatenmark
125 ml glutenfreie Gemüsebrühe
2–3 Tomaten (ca. 200 g)
125 g weiße Bohnen (aus der Dose)
2 Doradenfilets (mit Haut; à ca. 150 g)
Pfeffer
6–8 Blätter Basilikum

1. Die Aubergine putzen, waschen und etwa 1 cm groß würfeln, mit Salz bestreuen und etwa 10 Minuten ziehen lassen. Inzwischen die Paprikaschoten halbieren, putzen, waschen und klein würfeln. Zwiebel und Knoblauch schälen und fein würfeln. Den Thymian waschen, trocken tupfen, die Blätter abzupfen und fein hacken.

2. Die Auberginenwürfel trocken tupfen. In einem breiten Topf 2 EL Öl erhitzen und Aubergine, Paprika, Zwiebel und Knoblauch darin bei mittlerer bis starker Hitze 2 bis 3 Minuten anbraten. Thymian, Paprikapulver, Salz und Tomatenmark dazugeben und alles kurz andünsten. Danach die Brühe dazugießen und das Ratatouille mit geschlossenem Deckel bei mittlerer Hitze etwa 10 Minuten dünsten.

3. Währenddessen die Tomaten waschen und etwa 2 cm groß würfeln, dabei Stielansätze entfernen. Die Bohnen in einem Sieb abbrausen und abtropfen lassen. Nach etwa 10 Minuten Garzeit mit den Tomaten zum Gemüse geben und alles mit geschlossenem Deckel bei schwacher Hitze noch etwa 10 Minuten dünsten.

4. Inzwischen Fisch waschen, trocken tupfen und die Hautseite 3- bis 4-mal schräg leicht einschneiden, salzen und pfeffern. Das übrige Öl (2 EL) in einer beschichteten Pfanne erhitzen und die Fischfilets darin erst auf der Hautseite etwa 4 Minuten knusprig braten. Dann wenden, den Herd ausschalten und den Fisch in der Nachhitze der Pfanne noch etwa 2 Minuten nachziehen lassen.

5. Zum Servieren das Basilikum waschen und trocken tupfen. Das Ratatouille mit Salz und Pfeffer abschmecken und mit den Doradenfilets (mit der Hautseite nach unten!) auf Tellern anrichten. Mit dem Basilikum garnieren. Dazu passen nach Belieben pro Person noch 2 Scheiben glutenfreies Vollkornbaguette.

GEBRATENE FORELLE MIT BUNTEM KARTOFFELSALAT

NÄHRWERTE PRO PORTION:
ca. 550 kcal, 44 g EW, 22 g F, 39 g KH, 6 g BST

Zubereitung: 1 Stunde

FÜR 2 PERSONEN

300 g kleine festkochende Kartoffeln (z. B. Drillinge) | Salz
1 rote Zwiebel
2 EL Apfelessig | Pfeffer
100 ml glutenfreie Gemüsebrühe
1 TL scharfer Senf
1 TL flüssiger Honig
3 EL Rapsöl
2 Mini-Salatgurken | 1 Möhre
½ säuerlicher Apfel (z. B. Elstar)
2 Forellen (à ca. 250 g; küchenfertig)
1–2 EL Zitronensaft
½ Bund Petersilie

1. Die Kartoffeln gründlich waschen, dann samt Schale in einem Topf in Salzwasser 20 bis 25 Minuten garen. Anschließend abgießen, kalt abschrecken und nach Belieben noch heiß pellen.

2. Inzwischen die Zwiebel schälen und fein würfeln. In einem kleinen Topf mit Essig, Salz, Pfeffer und Brühe aufkochen. Vom Herd nehmen und Senf, Honig und 1 EL Öl unterrühren. Die Kartoffeln in Scheiben schneiden und in einer Schüssel mit dem Dressing übergießen.

3. Die Gurken putzen, waschen und in dünne Scheiben schneiden. Die Möhre putzen, schälen und auf der Gemüsereibe grob raspeln. Den Apfel waschen, halbieren, entkernen und in kleine Stücke schneiden. Die vorbereiteten Zutaten unter die marinierten Kartoffeln mischen, den Salat mit Salz und Pfeffer würzen und 15 bis 20 Minuten ziehen lassen.

4. Inzwischen die Forellen innen und außen waschen, trocken tupfen, salzen und pfeffern und mit dem Zitronensaft beträufeln. In einer großen beschichteten Pfanne das übrige Öl (2 EL) stark erhitzen und die Fische darin auf jeder Seite 5 bis 6 Minuten goldbraun braten.

5. Zum Servieren die Petersilie waschen, trocken tupfen, die Blätter abzupfen und fein hacken. Die Hälfte der Petersilie unter den Kartoffelsalat mischen. Den Salat mit den Forellen auf Tellern anrichten und mit der übrigen Petersilie bestreuen.

FÜR 2 PERSONEN

1 Zwiebel
1 Knoblauchzehe
4 EL Olivenöl
125 g Hafer
2 TL Tomatenmark
1 TL getr. italienische Kräuter
1 Dose stückige Tomaten (400 g) ✳
200 ml Gemüsebrühe
200 g Garnelen (roh, geschält)
1 Zucchini (ca. 200 g)
100 g tiefgekühlte Erbsen
Salz | Pfeffer
20 g Pinienkerne

HAFER-TOMATEN-RISOTTO MIT GARNELEN

NÄHRWERTE PRO PORTION:

ca. 680 kcal, 35 g EW, 34 g F, 51 g KH, 13 g BST

Zubereitung: 40 Minuten

1. Zwiebel und Knoblauch schälen und fein würfeln. In einem breiten Topf 2 EL Öl erhitzen und die Haferkörner darin bei mittlerer Hitze etwa 2 Minuten unter Rühren anrösten. Zwiebel und Knoblauch dazugeben und etwa 2 Minuten mitbraten. Das Tomatenmark dazugeben und kurz mitrösten, dann Kräuter, Tomatenstücke und 100 ml Brühe hinzufügen und den Hafer offen bei schwacher bis mittlerer Hitze 30 bis 35 Minuten weich garen. Dabei immer wieder umrühren und nach und nach die übrige Brühe dazugießen, sobald sie verkocht ist.

2. Inzwischen die Garnelen waschen und trocken tupfen. Die Zucchini putzen, waschen und etwa 1 cm groß würfeln. Die Erbsen antauen lassen. Das übrige Öl (2 EL) in einer Pfanne erhitzen und Garnelen und Zucchini darin bei starker Hitze 3 bis 4 Minuten rundum anbraten, salzen und pfeffern. Nach 35 Minuten Garzeit den Zucchini-Garnelen-Mix mit den Erbsen unter das Risotto heben und alles bei schwacher Hitze noch etwa 5 Minuten ziehen lassen.

3. Währenddessen die Pinienkerne in einer kleinen Pfanne ohne Fett hell anrösten. Herausnehmen und abkühlen lassen.

4. Zum Servieren das Hafer-Tomaten-Risotto mit Salz und Pfeffer abschmecken und auf tiefen Tellern anrichten. Mit Pinienkernen bestreuen und nach Belieben mit Basilikum garnieren.

✳ Tomaten zählen hierzulande zu den beliebtesten Vertretern der gesunden Mittelmeerküche. Wer von Hashimoto betroffen ist, sollte sich am besten an der mediterranen Kost orientieren: Hier stehen neben Gemüse, Obst, Pflanzenölen und Nüssen vor allem Hülsenfrüchte, Getreide, Kräuter, Fisch und Meeresfrüchte im Zentrum (siehe Seite 46).

HÄHNCHEN-GEMÜSE-PFANNE MIT PENNE

NÄHRWERTE PRO PORTION:
ca. 700 kcal, 51 g EW, 29 g F, 52 g KH, 12 g BST

Zubereitung: 35 Minuten

FÜR 2 PERSONEN
140 g Dinkelvollkornnudeln (z. B. Penne) | Salz
250 g grüner Spargel
1 große rote Paprikaschote
250 g kleine Champignons
1 rote Zwiebel
1 Knoblauchzehe
½ Bund Petersilie
2 Hähnchenbrustfilets (à ca. 160 g)
4 EL Olivenöl | Pfeffer
2 EL Crème fraîche
1 TL getr. Kräuter der Provence

1. Die Nudeln in reichlich kochendem Salzwasser nach Packungsanweisung bissfest garen. Danach in ein Sieb abgießen und abtropfen lassen, dabei etwa 100 ml Nudelkochwasser auffangen.

2. Inzwischen den Spargel waschen, im unteren Drittel schälen und die holzigen Enden abschneiden, dann die Stangen in 4 bis 5 cm lange Stücke schneiden. Die Paprikaschote längs vierteln, putzen, waschen und quer in etwa 1 cm breite Streifen schneiden. Die Pilze putzen, falls nötig, trocken abreiben und vierteln. Die Zwiebel schälen, halbieren und in Streifen schneiden. Den Knoblauch schälen und in feine Scheiben schneiden. Die Petersilie waschen, trocken tupfen, die Blätter abzupfen und grob hacken.

3. Das Hähnchenfleisch waschen, trocken tupfen und in etwa 1 cm breite Streifen schneiden. In einer großen Pfanne 2 EL Öl erhitzen und das Fleisch darin bei mittlerer bis starker Hitze 2 bis 3 Minuten unter Wenden anbraten. Herausnehmen, mit Salz und Pfeffer würzen und abgedeckt warm halten.

4. Das übrige Öl (2 EL) in der Pfanne erhitzen und Spargel, Paprika, Pilze, Zwiebel und Knoblauch darin bei mittlerer Hitze etwa 5 Minuten anbraten. Nudeln und Fleisch dazugeben und etwa 2 Minuten mitdünsten. Danach das aufgefangene Nudelkochwasser und die Crème fraîche unterrühren und alles mit Salz, Pfeffer und Kräutern der Provence würzen.

5. Zum Servieren die Hähnchen-Gemüse-Pfanne auf Tellern anrichten und mit der Petersilie bestreuen.

HÄHNCHEN-KOKOS-CURRY MIT KICHERERBSEN

NÄHRWERTE PRO PORTION:

ca. 630 kcal, 37 g EW, 40 g F, 56 g KH, 11 g BST

Zubereitung: 35 Minuten

FÜR 2 PERSONEN

20 g Cashewkerne
3 Frühlingszwiebeln
10 g Ingwer
250 g Brokkoli
1 Hähnchenbrustfilet (ca. 200 g)
1 Glas Kichererbsen (125 g Abtropfgewicht)
1 EL helles Sesamöl
1 ½ EL gelbe Thai-Currypaste (ca. 30 g)
200 g Kokosmilch
300 ml glutenfreie Gemüsebrühe
Salz | Pfeffer
1 EL Limettensaft

1. Die Cashewkerne grob hacken und in einer kleinen Pfanne ohne Fett hell anrösten. Herausnehmen und abkühlen lassen.

2. Frühlingszwiebeln putzen, waschen und das Weiße und Hellgrüne separat in dünne Ringe schneiden. Ingwer schälen und fein würfeln. Brokkoli putzen, waschen und in Röschen teilen, die Stiele schälen und klein würfeln. Fleisch waschen, trocken tupfen und quer in etwa ½ cm dünne Scheiben schneiden. Kichererbsen in einem Sieb abbrausen und abtropfen lassen.

3. In einem Topf das Öl erhitzen und die weißen Frühlingszwiebeln und den Ingwer darin bei mittlerer Hitze etwa 3 Minuten andünsten. Die Currypaste dazugeben und unter Rühren kurz mitdünsten. Kokosmilch und Brühe dazugießen, alles einmal aufkochen und offen bei mittlerer Hitze etwa 5 Minuten garen.

4. Dann das Hähnchenfleisch hinzufügen und mit geschlossenem Deckel etwa 5 Minuten mitgaren. Brokkoli und Kichererbsen hinzufügen, alles nochmals aufkochen und mit geschlossenem Deckel etwa weitere 3 Minuten garen. Anschließend das Curry mit Salz, Pfeffer und Limettensaft abschmecken.

5. Zum Servieren das Curry auf Schalen oder tiefe Teller verteilen und mit den grünen Frühlingszwiebeln und den Cashewkernen bestreuen. Dazu passt pro Person noch etwa 50 g Vollkorn-Basmatireis (roh gewogen).

FÜR 2 PERSONEN

4 EL Olivenöl
40 g kernige Haferflocken
4 Stiele Petersilie
½ Bio-Zitrone
2–3 Mini-Salatgurken (ca. 300 g)
Salz
125 g Cocktailtomaten
4 EL Joghurt (3,5 % Fett)
1 EL Weißweinessig | Pfeffer
6 Stiele Dill
4 dünne Kalbsschnitzel (à 75–80 g) ✷

KALBSSCHNITZEL MIT FLOCKEN UND GURKEN

NÄHRWERTE PRO PORTION:

ca. 460 kcal, 39 g EW, 25 g F,
18 g KH, 4 g BST

Zubereitung: 40 Minuten

1. Für das Topping 2 EL Öl in einer Pfanne erhitzen und die Haferflocken darin bei mittlerer Hitze etwa 5 Minuten unter Wenden goldbraun braten. Herausnehmen und auf einem Teller abkühlen lassen. Petersilie waschen, trocken tupfen, die Blätter abzupfen und fein hacken. Die Zitrone heiß waschen, abtrocknen und die Schale fein abreiben, dann 1 EL Zitronensaft auspressen. Petersilie und Zitronenschale mit den Haferflocken mischen.

2. Die Gurken putzen, waschen und auf der Gemüsereibe in dünne Scheiben hobeln. In einem Sieb mit Salz bestreuen und abtropfen lassen. Die Tomaten waschen und vierteln.

3. Für das Dressing in einer Salatschüssel Joghurt, Zitronensaft und Essig verquirlen, salzen und pfeffern. Den Dill waschen, trocken tupfen, die Spitzen abzupfen, fein hacken und unter das Dressing rühren. Die Gurken etwas ausdrücken, mit den Tomaten ebenfalls untermischen. Den Salat mit Salz und Pfeffer würzen.

4. Die Schnitzel trocken tupfen und zwischen zwei Lagen Klarsichtfolie leicht flach klopfen, dann auf jeder Seite salzen und pfeffern. Das übrige Öl (2 EL) in einer Pfanne erhitzen und die Schnitzel darin bei mittlerer bis starker Hitze auf jeder Seite etwa 2 Minuten braten.

5. Zum Servieren die Schnitzel auf Tellern anrichten und mit dem Flocken-Topping bestreuen. Den Gurkensalat daneben anrichten.

✷ Welche Fleischsorten sind empfehlenswert? Diese Frage kann klar beantwortet werden: Bevorzugen Sie Fleischsorten, die wenig entzündungsfördernde Arachidonsäure liefern, also Hühner- oder Puten-, Rind- oder Kalbfleisch. Verzehren Sie aber auch diese nur in kleinen Mengen – und streichen Sie Wurst am besten ganz vom Speiseplan.

RINDFLEISCH-WOK MIT MANGOLD UND MÖHREN

NÄHRWERTE PRO PORTION:
ca. 380 kcal, 34 g EW, 19 g F, 13 g KH, 10 g BST

Zubereitung: 35 Minuten

FÜR 2 PERSONEN
250 g Rinderfilet
3 EL glutenfreie Sojasauce (z. B. Tamari)
400 g Mangold
150 g Möhren
3 Frühlingszwiebeln
20 g Ingwer
1 Knoblauchzehe
1 kleine rote Chilischote
2 EL helles Sesamöl
200 ml glutenfreie Gemüsebrühe
½ TL Johannisbrotkernmehl
1 TL abgeriebene Bio-Zitronenschale
Salz | Pfeffer

1. Das Fleisch in etwa ½ cm dünne Streifen schneiden und mit 1 EL Sojasauce mischen. Den Mangold putzen, waschen und die Blätter von den Stielen schneiden, die Stiele in etwa ½ cm dünne Stücke, die Blätter in etwa 2 cm breite Streifen schneiden. Die Möhren putzen, schälen, längs halbieren und schräg in etwa 3 mm dünne Scheiben schneiden. Die Frühlingszwiebeln putzen, waschen und das Weiße und Hellgrüne schräg in dünne Ringe schneiden. Ingwer und Knoblauch schälen und fein würfeln. Die Chilischote putzen, waschen und samt Kernen in feine Ringe schneiden.

2. In einem Wok oder einer großen Pfanne 1 EL Öl erhitzen und das Fleisch darin bei mittlerer bis starker Hitze etwa 2 Minuten unter Rühren braun anbraten, herausnehmen und abgedeckt warm halten. Übriges Öl (1 EL) dazugeben und Mangoldstiele, Möhren, Frühlingszwiebeln, Ingwer, Knoblauch und Chili darin etwa 3 Minuten unter Rühren braten. Zuletzt die Mangoldblätter hinzufügen und bei mittlerer Hitze weitere 2 Minuten mitbraten.

3. Brühe, Johannisbrotkernmehl, Zitronenschale und übrige Sojasauce (2 EL) verrühren. Die Würzsauce und das Fleisch unter das Gemüse mischen, alles nochmals erhitzen und 2 bis 3 Minuten köcheln lassen, bis die Sauce leicht angedickt ist. Leicht salzen und pfeffern.

4. Zum Servieren das Rinder-Wok-Gemüse in Schalen oder tiefen Tellern anrichten. Dazu passt Vollkorn-Basmatireis – pro Person etwa 50 g Reis (roh gewogen).

KLEINE GERICHTE

Ab sofort kommt auch beim „kleinen" Hunger Gesundes auf den Teller – sei es eine bunte Suppe, ein knackiger Salat oder ein leichtes Gericht mit Fisch oder Geflügel! Auch für alle, die abnehmen möchte, sind diese kalorienarmen Rezeptideen perfekt.

SAUERKRAUT-LINSEN-SALAT MIT KÜRBIS

NÄHRWERTE PRO PORTION:
ca. 480 kcal, 15 g EW, 28 g F, 36 g KH, 11 g BST

Zubereitung: 45 Minuten

FÜR 2 PERSONEN

75 g Beluga-Linsen | Salz
1 EL Kürbiskerne
250 g frisches Sauerkraut (nicht erhitzt; aus dem Kühlregal) ✳
1 kleiner säuerlicher Apfel (ca. 125 g; z. B. Elstar)
3 EL Zitronensaft
100 g Staudensellerie (mit Grün)
200 g Butternusskürbis
4 EL naturtrüber Apfelsaft
4 EL kalt gepresstes Leinöl
Pfeffer
50 g saure Sahne (10 % Fett)

1. Die Linsen in einem Sieb abbrausen, dann in einem Topf in kochendem Wasser (ohne Salz!) mit geschlossenem Deckel bei schwacher Hitze etwa 25 Minuten bissfest garen. Dabei kurz vor Garzeitende salzen. Die Linsen in ein Sieb abgießen, kalt abbrausen und abtropfen lassen. Inzwischen die Kürbiskerne in einer kleinen Pfanne ohne Fett hell anrösten. Herausnehmen und abkühlen lassen.

2. Das Sauerkraut in einem Sieb abtropfen lassen. Den Apfel waschen, vierteln und entkernen, die Apfelviertel quer in feine Scheiben schneiden und mit 1 EL Zitronensaft beträufeln. Den Sellerie putzen, waschen und in dünne Scheiben schneiden, das Grün grob hacken. Den Butternusskürbis schälen, entkernen und mit dem Messer in etwa 2 cm breite und 3 mm dünne Streifen schneiden oder auf der Gemüsereibe hobeln.

3. In einer Salatschüssel den übrigen Zitronensaft (2 EL) mit Apfelsaft, Leinöl, Salz und Pfeffer verrühren. Das Sauerkraut ausdrücken und mit den Händen zerpflücken. Sauerkraut, Linsen, Apfel, Sellerie samt Grün sowie die Kürbisstreifen zum Dressing geben und alles gut mischen.

4. Zum Servieren den Salat auf Tellern verteilen, je einen Klecks saure Sahne daraufgeben und mit den Kürbiskernen bestreuen.

✳ Sauerkraut punktet mit reichlich probiotischen Bakterien, die sich im Zuge der milchsauren Vergärung (Fermentation) im Kohl bilden. Wer das Sauerkraut roh verzehrt, nimmt besonders viele Probiotika auf und kann damit die Vielfalt der Bakterien im Darm erhöhen. Das fördert ein gesundes Mikrobiom, eine wichtige Stellschraube im Kampf gegen Autoimmunerkrankungen wie Hashimoto.

BUNTER SALAT MIT KICHERERBSENTALERN

NÄHRWERTE PRO PORTION:
ca. 400 kcal, 12 g EW, 24 g F, 30 g KH, 8 g BST

Zubereitung: 35 Minuten

FÜR 2 PERSONEN

1 kleine rote Zwiebel
1 Knoblauchzehe
1 kleine rote Chilischote
1 Bund Petersilie | ½ Bio-Zitrone
1 Glas Kichererbsen
(125 g Abtropfgewicht)
40 g Kichererbsenmehl
½ TL gemahlener Kreuzkümmel
Salz | Pfeffer
2 Mini-Salatgurken | 2 Tomaten
100 g Blattsalate
(z. B. Eichblatt, Frisée, Kopfsalat)
2 EL Weißweinessig | 4 EL Olivenöl

1. Zwiebel und Knoblauch schälen und grob würfeln. Die Chilischote längs halbieren, entkernen, waschen und klein würfeln. Die Petersilie waschen, trocken tupfen, die Blätter abzupfen und fein hacken. Die Zitrone heiß waschen, abtrocknen, die Schale fein abreiben und die Zitronenhälfte auspressen. Die Kichererbsen in einem Sieb abbrausen und abtropfen lassen.

2. Alle vorbereiteten Zutaten mit dem Kichererbsenmehl im Blitzhacker oder in einem hohen Rührgefäß mit dem Stabmixer pürieren – die Masse sollte noch leicht stückig sein. Falls nötig, noch 2 bis 3 EL Wasser untermixen. Dann mit Kreuzkümmel, Salz und Pfeffer würzen. Die Masse in 8 Portionen teilen und jede Portion mit angefeuchteten Händen zu einem Taler formen, etwa 10 Minuten ruhen lassen.

3. Inzwischen die Gurken putzen, waschen und in dünne Scheiben schneiden. Die Tomaten waschen und in kleine Würfel schneiden, dabei die Stielansätze entfernen. Die Salate putzen, waschen, trocken schleudern und in mundgerechte Stücke zupfen. Für die Vinaigrette den Essig mit 2 EL Wasser, Salz, Pfeffer und 2 EL Öl in einer kleinen Schüssel verrühren.

4. Übriges Öl (2 EL) in einer großen beschichteten Pfanne erhitzen und die Kichererbsentaler darin bei mittlerer Hitze auf jeder Seite etwa 5 Minuten goldbraun braten. Herausnehmen und auf Küchenpapier kurz abtropfen lassen.

5. Zum Servieren Gurken, Tomaten und Salat auf Tellern verteilen und mit der Vinaigrette beträufeln. Die Kichererbsentaler daraufsetzen.

ORIENTALISCHER BLUMENKOHL-SPINAT-SALAT

FÜR 2 PERSONEN

1 Dose Kichererbsen
(240 g Abtropfgewicht)
300 g Blumenkohl (ohne grüne Blätter)
4 EL Olivenöl
1 TL rosenscharfes Paprikapulver
Salz | Pfeffer
100 g Cocktailtomaten
1 kleine rote Zwiebel | 50 g junger Spinat
100 g veganer Haferjoghurt ✷
1 EL Tahin (Sesampaste; ersatzweise dunkles Mandelmus)
2 EL Zitronensaft
½ TL gemahlener Kreuzkümmel
1 Dattel (z. B. Medjoul)

NÄHRWERTE PRO PORTION:
ca. 510 kcal, 17 g EW, 30 g F, 36 g KH, 12 g BST

Zubereitung: 30 Minuten
Backen: 20 Minuten

1. Den Backofen auf 200 °C vorheizen und ein Backblech mit Backpapier belegen. Die Kichererbsen in einem Sieb abbrausen und abtropfen lassen. Den Blumenkohl putzen, waschen und in Röschen teilen. In einer Schüssel 2 EL Öl mit ¼ TL Paprikapulver, Salz und Pfeffer verrühren. Blumenkohl und Kichererbsen gut mit dem Würzöl mischen und auf dem Blech verteilen. Das Gemüse im Ofen auf der mittleren Schiene etwa 20 Minuten backen. Herausnehmen und etwas abkühlen lassen.

2. Inzwischen die Tomaten waschen und je nach Größe halbieren oder vierteln. Die Zwiebel schälen, halbieren und in feine Streifen schneiden. Den Spinat verlesen, waschen und trocken schleudern, dabei grobe Stiele entfernen.

3. Für die Sauce Joghurt mit Tahin, Zitronensaft, 4 EL Wasser und 1 EL Öl verrühren, mit Salz, Pfeffer, Kreuzkümmel und dem übrigen Paprikapulver würzen.

4. Zum Servieren die Dattel längs aufschneiden, entkernen und klein würfeln. Tomaten, Zwiebel und Spinat unter das gebackene Gemüse mischen. Den Gemüsesalat auf einer Platte verteilen und mit dem restlichen Öl (1 EL) beträufeln. Mit den Dattelwürfeln bestreuen und mit etwas Sesamsauce beträufeln, die übrige Sauce extra dazu reichen.

✷ Wer Milchprodukte reduzieren möchte, findet eine große Auswahl an veganen Ersatzprodukten im Handel. Für den Umstieg gibt es einige gute Gründe (siehe Seite 52). Milchersatz aus Hafer ist besonders empfehlenswert, weil er kein Cholesterin enthält und laktosefrei ist. Allerdings kann Haferdrink eventuell Gluten enthalten.

GRÜNER SALAT MIT HANDKÄSE UND BEEREN

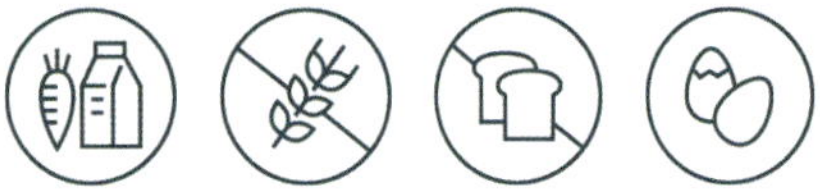

FÜR 2 PERSONEN

1 Mini-Romanasalat | 50 g Rucola
1 Möhre | 1 kleine rote Zwiebel
80 g Heidelbeeren
200 g Handkäse (z. B. Harzer Roller)
1 Handvoll Radieschensprossen
2 EL Apfelessig
50 ml glutenfreie Gemüsebrühe
1 TL scharfer Senf
1 TL flüssiger Honig
Salz | Pfeffer
3 EL Rapsöl

NÄHRWERTE PRO PORTION:

ca. 340 kcal, 33 g EW, 17 g F, 9 g KH, 4 g BST

Zubereitung: 20 Minuten

1. Den Salat in Blätter teilen, den Rucola verlesen, beides waschen, trocken schleudern und grob zerzupfen. Die Möhre putzen, schälen und auf der Gemüsereibe grob raspeln. Die Zwiebel schälen und fein würfeln. Die Heidelbeeren verlesen, waschen und trocken tupfen.

2. Den Handkäse in etwa ½ cm dünne Scheiben schneiden. Die Sprossen in einem Sieb kurz abbrausen und abtropfen lassen.

3. Für das Dressing Essig, Brühe, Senf, Honig, Salz, Pfeffer und Öl in einer Salatschüssel gut verrühren. Salat, Rucola, Handkäse, Möhre und Beeren dazugeben und alles vorsichtig mit dem Dressing mischen.

4. Zum Servieren den Salat auf Tellern anrichten und mit den Sprossen bestreuen.

ERBSEN-PILZ-SALAT MIT EIERN

FÜR 2 PERSONEN

2 Eier (Größe M)
300 g tiefgekühlte Erbsen
2 Frühlingszwiebeln
8 Radieschen (ca. 100 g)
200 g Champignons
4 EL Olivenöl
Salz | Pfeffer
½ Bio-Zitrone
¼ TL Chiliflocken

NÄHRWERTE PRO PORTION:

ca. 450 kcal, 22 g EW, 27 g F, 24 g KH, 11 g BST

Zubereitung: 25 Minuten

1. Die Eier in kochendem Wasser 10 Minuten hart kochen, kalt abschrecken und abkühlen lassen. Die Erbsen in einer Schüssel mit kochend heißem Wasser übergießen und etwa 5 Minuten ziehen lassen, dann in ein Sieb abgießen, kalt abbrausen und abtropfen lassen.

2. Inzwischen die Frühlingszwiebeln putzen, waschen und schräg in dünne Ringe schneiden. Die Radieschen putzen, waschen und in dünne Scheiben schneiden. Die Champignons putzen, falls nötig, trocken abreiben und je nach Größe halbieren oder vierteln. 2 EL Öl in einer Pfanne erhitzen und die Pilze darin bei mittlerer bis starker Hitze etwa 5 Minuten braten. Mit Salz und Pfeffer würzen und vom Herd nehmen.

3. Die Zitrone heiß waschen, abtrocknen, die Schale fein abreiben und die Zitronenhälfte auspressen. Beides mit Chiliflocken, Salz und übrigem Öl (2 EL) in einer Salatschüssel zu einem Dressing verrühren. Erbsen, Frühlingszwiebeln und Radieschen dazugeben und alles mischen. Zum Servieren die Eier pellen und in Sechstel schneiden. Den Erbsensalat auf Teller verteilen, die Pilze und die Eiersechstel darauf anrichten.

BUCHWEIZENSALAT MIT OFENGEMÜSE

NÄHRWERTE PRO PORTION:

ca. 550 kcal, 14 g EW, 33 g F,
43 g KH, 10 g BST

Zubereitung: 35 Minuten
Garen: 20 Minuten

FÜR 2 PERSONEN

80 g Buchweizen | Salz
1 kleine Zucchini (ca. 150 g)
1 gelbe Paprikaschote
1 kleine Fenchelknolle (ca. 200 g)
1 große Knoblauchzehe
4 EL Olivenöl | Pfeffer
2 EL Zitronensaft
200 g Cocktailtomaten
50 g schwarze Oliven
(ohne Stein; z. B. Kalamata)
1 Handvoll Basilikumblätter
20 g Pistazienkerne
100 g Ziegenjoghurt (5,5 % Fett)

1. Den Buchweizen in einem Sieb abbrausen und kurz abtropfen lassen, danach in einem Topf in 160 ml Salzwasser mit geschlossenem Deckel bei mittlerer Hitze etwa 20 Minuten weich garen. Anschließend, falls nötig, das restliche Kochwasser abgießen und den Buchweizen offen abkühlen lassen.

2. Den Backofen auf 200 °C vorheizen. Zucchini, Paprika und Fenchel putzen, waschen und in etwa 1 cm große Würfel schneiden, dabei das Fenchelgrün beiseitelegen. Den Knoblauch schälen und fein würfeln. Das Gemüse mit dem Knoblauch, 2 EL Öl, Salz und Pfeffer mischen. Auf einem Backblech verteilen und im Ofen auf der mittleren Schiene etwa 20 Minuten garen, bis es leicht gebräunt ist, dabei einmal wenden. Herausnehmen, auf ein Kuchengitter stellen und das Gemüse auf dem Blech lauwarm abkühlen lassen.

3. Inzwischen Buchweizen mit Zitronensaft und restlichem Öl (2 EL) in einer Schüssel mischen. Die Tomaten waschen und je nach Größe halbieren oder vierteln. Die Oliven abtropfen lassen und in Ringe schneiden. Basilikum waschen, trocken tupfen, einige Blätter zum Garnieren beiseitelegen, die restlichen in feine Streifen schneiden. Das Fenchelgrün fein hacken. Ofengemüse, Tomaten, Oliven, Basilikum und Fenchelgrün zum marinierten Buchweizen geben und alles gut mischen.

4. Zum Servieren die Pistazien grob hacken. Den Salat nochmals mit Salz und Pfeffer abschmecken, auf Tellern anrichten und mit dem Joghurt beträufeln. Mit den beiseitegelegten Basilikumblättern und den Pistazien bestreuen.

ROTE-BETE-KALTSCHALE MIT BUTTERMILCH

NÄHRWERTE PRO PORTION:
ca. 320 kcal, 13 g EW, 18 g F, 23 g KH, 6 g BST

Zubereitung: 45 Minuten
Kühlen: 1 Stunde

FÜR 2 PERSONEN

1 Schalotte
300 g Rote Bete
1 große Möhre (ca. 100 g)
1 EL Olivenöl
350 ml glutenfreie Gemüsebrühe
Salz | Pfeffer
1–2 EL Apfelessig
¼ l reine Buttermilch (max. 1 % Fett)
1 EL Sonnenblumenkerne ✷
3 Radieschen
1 hart gekochtes Ei (Größe M)
3 Stiele Dill
2 EL saure Sahne (10 % Fett)

1. Die Schalotte schälen und fein würfeln. Rote Bete putzen, schälen und in kleine Würfel schneiden (Achtung, sie färbt stark ab!). Möhre putzen, schälen und in kleine Stücke schneiden.

2. Das Öl in einem Topf erhitzen und die Schalotte darin bei mittlerer Hitze andünsten. Rote Bete und Möhrenstücke dazugeben und bei mittlerer Hitze 2 bis 3 Minuten mitdünsten. Alles mit der Brühe aufgießen und einmal aufkochen, dann mit geschlossenem Deckel bei mittlerer Hitze 12 bis 15 Minuten köcheln lassen.

3. Die Suppe vom Herd nehmen und mit Salz, Pfeffer und Essig abschmecken. Die Buttermilch dazugeben und alles im Topf mit dem Stabmixer glatt pürieren. Die Suppe abkühlen lassen und im Kühlschrank abgedeckt mindestens 1 Stunde durchziehen lassen.

4. Inzwischen die Sonnenblumenkerne in einer kleinen Pfanne ohne Fett hell anrösten. Herausnehmen und abkühlen lassen. Die Radieschen putzen, waschen und in Scheiben schneiden. Das Ei pellen und klein würfeln. Dill waschen, trocken tupfen, die Spitzen abzupfen, fein hacken und mit dem gewürfelten Ei mischen.

5. Zum Servieren die Kaltschale auf tiefe Teller oder Schalen verteilen und Radieschen und jeweils 1 EL saure Sahne daraufsetzen. Alles mit dem Ei-Dill-Mix und den Sonnenblumenkernen bestreuen.

✷ Sonnenblumenkerne sind ein ideales Topping für Müsli, Salate oder Suppen! Die Kerne gelten als exzellente Quelle für Vitamin E, das als fettlösliches Antioxidans Fette vor freien Radikalen schützt – auch die ungesättigten Fettsäuren, die bei Hashimoto wichtig sind.

FÜR 2 PERSONEN

1 rote Zwiebel
300 g Butternusskürbis
½ säuerlicher Apfel (z. B. Elstar)
2 EL helles Sesamöl
2 TL Currypulver ✳
1 TL gemahlene Kurkuma
Salz | Pfeffer
2 EL Apfelessig
½ l vegane glutenfreie Gemüsebrühe
2 EL Kürbiskerne
3 Stiele Koriandergrün
1 EL Limettensaft

KÜRBIS-CURRY-SUPPE MIT APFEL

NÄHRWERTE PRO PORTION:
ca. 290 kcal, 6 g EW, 20 g F, 18 g KH, 6 g BST

Zubereitung: 45 Minuten

1. Die Zwiebel schälen und fein würfeln. Den Kürbis schälen, entkernen und in dünne Scheiben schneiden. Den Apfel waschen, vierteln und entkernen, die Apfelviertel in kleine Stücke schneiden.

2. Das Öl in einem Topf erhitzen und die Zwiebel darin bei mittlerer Hitze etwa 2 Minuten leicht andünsten. Kürbis, Apfel, Currypulver und Kurkuma dazugeben und alles unter Wenden etwa 2 Minuten mitdünsten, mit Salz und Pfeffer würzen. Dann Essig und Brühe dazugießen, alles einmal aufkochen und mit geschlossenem Deckel bei schwacher Hitze etwa 20 Minuten köcheln lassen.

3. Inzwischen die Kürbiskerne in einer kleinen Pfanne ohne Fett hell anrösten, bis sie anfangen zu knistern. Herausnehmen und abkühlen lassen. Den Koriander waschen, trocken tupfen und die Blätter abzupfen.

4. Zum Servieren die Suppe vom Herd nehmen und im Topf mit dem Stabmixer fein pürieren, mit Salz, Pfeffer und Limettensaft abschmecken. Die Suppe auf Schalen oder tiefe Teller verteilen und mit Kürbiskernen und Koriandergrün bestreuen.

✳ Currypulver verleiht nicht nur vielen Gerichten eine exotische Note – es bietet auch zahlreiche gesundheitliche Vorteile. Bestehend aus über zwölf Einzelgewürzen wie Koriander, Kreuzkümmel oder Chili versorgt es uns vor allem mit reichlich entzündungshemmenden Wirkstoffen. Verantwortlich dafür ist insbesondere die enthaltene Kurkuma, die dem Pulver auch die leuchtend gelbe Farbe gibt. Wer sich antientzündlich ernähren möchte, sollte immer Curry im Gewürzschrank haben!

QUARKBÄLLCHEN AUF GRÜNEM OFENGEMÜSE

FÜR 2 PERSONEN

1 Schalotte | ¼ Bund Petersilie
50 g Parmesan (am Stück)
250 g Magerquark
3 EL zarte Haferflocken
Salz | Pfeffer
175 g tiefgekühlte grüne Bohnen
200 g Brokkoliröschen
250 g Spitzkohl
1 dünne Stange Lauch
2 Knoblauchzehen
4 Zweige Thymian
3 EL Olivenöl
2 EL Pinienkerne

NÄHRWERTE PRO PORTION:

ca. 570 kcal, 38 g EW, 31 g F, 28 g KH, 11 g BST

Zubereitung: 45 Minuten
Garen: 20 Minuten

1. Die Schalotte schälen und fein würfeln. Die Petersilie waschen, trocken tupfen, die Blätter abzupfen und fein hacken. Den Parmesan fein reiben. Quark, Haferflocken, Schalotte, Petersilie und Parmesan in einer Schüssel gut verkneten, mit Salz und Pfeffer würzen. Aus der Masse mit angefeuchteten Händen 10 bis 12 walnussgroße Bällchen formen und auf einem Teller etwa 10 Minuten ruhen lassen.

2. Inzwischen den Backofen auf 180 °C vorheizen. Die Bohnen in einem Topf in kochendem Salzwasser etwa 5 Minuten blanchieren. Dann in ein Sieb abgießen, kalt abschrecken und abtropfen lassen. Die Brokkoliröschen putzen, waschen und die Stiele knapp abschneiden, dann den Brokkoli grob schneiden. Den Spitzkohl putzen, waschen und in etwa 2 cm breite Streifen schneiden. Den Lauch putzen, waschen und schräg in etwa 1 cm breite Scheiben schneiden. Den Knoblauch schälen und fein würfeln. Den Thymian waschen, trocken tupfen, die Blätter abzupfen und fein hacken.

3. Das vorbereitete Gemüse mit Öl, Knoblauch, Thymian, Salz und Pfeffer mischen. Auf einem Backblech verteilen, mit den Pinienkernen bestreuen und im Ofen auf der mittleren Schiene etwa 20 Minuten garen.

4. Inzwischen in einem Topf reichlich Salzwasser aufkochen und die Quarkbällchen darin bei schwacher Hitze 6 bis 8 Minuten gar ziehen lassen. Mit einer Schaumkelle herausheben und kurz abtropfen lassen.

5. Zum Servieren das grüne Gemüse mit den Pinienkernen aus dem Ofen nehmen und auf Tellern anrichten. Die Quarkbällchen daraufsetzen und alles nach Belieben mit einigen Basilikumblättern garnieren.

SPARGELSALAT MIT RUCOLA

FÜR 2 PERSONEN

250 g weißer Spargel
200 g grüner Spargel | Salz
2 Frühlingszwiebeln
1 große Bio-Limette
1 EL gehackter Rosmarin
Pfeffer
1 TL flüssiger Honig
3 EL Olivenöl
125 g Cocktailtomaten
40 g Rucola
30 g Parmesan (am Stück)

NÄHRWERTE PRO PORTION:

ca. 290 kcal, 10 g EW, 20 g F, 14 g KH, 4 g BST

Zubereitung: 30 Minuten

1. Den Spargel waschen, den weißen ganz, den grünen nur im unteren Drittel schälen, die holzigen Enden abschneiden. Den Spargel schräg in etwa 3 cm lange Stücke schneiden und in einem Topf in kochendem Salzwasser etwa 3 Minuten blanchieren. In ein Sieb abgießen, kalt abschrecken und abtropfen lassen.

2. Inzwischen die Frühlingszwiebeln putzen, waschen und in dünne Ringe schneiden. Limette heiß waschen, abtrocknen und die Schale fein abreiben, dann die Limette halbieren und auspressen. Limettenschale und -saft, Rosmarin, Salz, Pfeffer, Honig und Öl verrühren. Spargel und Frühlingszwiebeln unter das Dressing mischen, alles etwa 10 Minuten ziehen lassen.

3. Währenddessen die Tomaten waschen und halbieren oder vierteln. Den Rucola verlesen, waschen und trocken schleudern, grobe Stiele entfernen. Den Parmesan mit dem Sparschäler in Späne hobeln. Zum Servieren Tomaten und Rucola vorsichtig unter den Spargelsalat heben. Den Salat auf Teller verteilen und mit den Parmesanspänen bestreuen. Dazu passen pro Person noch 2 Scheiben glutenfreies Vollkornbaguette.

FENCHEL-FEIGEN-ROHKOST MIT FETA

FÜR 2 PERSONEN

20 g Walnusskerne
1 kleine Fenchelknolle
(ca. 250 g) | Salz
3 Feigen (à 40–50 g)
40 g schwarze Oliven
(ohne Stein; z. B. Kalamata)
2 EL Weißweinessig
1 EL Aceto balsamico bianco
Pfeffer | 3 EL Olivenöl
¼ Bund Schnittlauch
100 g Feta (Schafskäse)

NÄHRWERTE PRO PORTION:

ca. 470 kcal, 12 g EW, 38 g F, 15 g KH, 6 g BST

Zubereitung: 30 Minuten

1. Die Nüsse grob hacken und in einer kleinen Pfanne ohne Fett hell anrösten. Herausnehmen und abkühlen lassen. Den Fenchel putzen, waschen, längs vierteln und den harten Strunk entfernen, das Fenchelgrün beiseitelegen. Die Fenchelviertel auf der Gemüsereibe in dünne Streifen hobeln, mit etwas Salz bestreuen und mit den Händen etwa 2 Minuten durchkneten. Die Feigen waschen, trocken tupfen und in Spalten schneiden, dabei die Stielansätze entfernen. Die Oliven abtropfen lassen und vierteln.

2. Für die Vinaigrette beide Essigsorten, Salz und Pfeffer gut verrühren und das Öl unterschlagen. Den Schnittlauch waschen, trocken tupfen und in feine Röllchen schneiden. Das beiseitegelegte Fenchelgrün grob hacken.

3. Zum Servieren Fenchelstreifen, Feigen, Oliven und Kräuter vorsichtig mischen, auf Tellern anrichten und mit der Vinaigrette beträufeln. Den Schafskäse zerbröckeln und mit den Walnüssen darüberstreuen. Dazu passt pro Person noch 1 Scheibe glutenfreies Vollkornbaguette.

BUNTER QUINOASALAT MIT GRAVED LACHS

NÄHRWERTE PRO PORTION:
ca. 490 kcal, 24 g EW, 23 g F, 41 g KH, 7 g BST

Zubereitung: 30 Minuten

FÜR 2 PERSONEN

100 g helle Quinoa
Salz
3 EL Apfelessig
1 TL Dijon-Senf
1 TL flüssiger Honig | Pfeffer
3 EL Olivenöl
5 Stiele Dill | 1 Mini-Salatgurke
100 g Cocktailtomaten
2 Frühlingszwiebeln
1 kleiner Chicorée
40 g Feldsalat
125 g Graved Wildlachs (in dünnen Scheiben; ersatzweise Stremellachs) ✷

1. Die Quinoa in einem Sieb kalt abbrausen und abtropfen lassen, in einem Topf mit ¼ l Salzwasser einmal aufkochen, dann mit geschlossenem Deckel bei schwacher Hitze etwa 20 Minuten leise köcheln lassen. Die Quinoa vom Herd nehmen und noch etwa 5 Minuten ausquellen lassen, dann auf einem Teller ausbreiten und abkühlen lassen.

2. Inzwischen für die Vinaigrette Essig, 4 EL Wasser, Senf, Honig, Salz und Pfeffer in einer Salatschüssel gut verrühren und das Öl unterschlagen. Den Dill waschen, trocken tupfen, die Spitzen abzupfen und einige zum Servieren beiseitelegen, den Rest fein hacken und unter die Vinaigrette mischen.

3. Die Gurke putzen, waschen, längs halbieren und in dünne Scheiben schneiden. Tomaten waschen und vierteln. Frühlingszwiebeln putzen, waschen und in dünne Ringe schneiden. Chicorée waschen, längs halbieren und den harten Strunk entfernen, die Blätter in etwa 2 cm breite Streifen schneiden. Feldsalat verlesen, waschen und trocken schleudern.

4. Zum Servieren Quinoa, Gurke, Tomaten, Frühlingszwiebeln, Chicorée und Feldsalat unter die Vinaigrette mischen. Den Salat mit dem Graved Lachs anrichten und mit den beiseitegelegten Dillspitzen garnieren.

✷ Lachs gilt wie andere fette Seefische (etwa Hering oder Makrele) als optimale Quelle für Omega-3-Fettsäuren. Das ist hilfreich für alle Hashimoto-Betroffenen, weil für sie die hochwertigen Fettsäuren besonders wichtig sind. Daher sollten sie auch den Omega-3-Status im Blut regelmäßig prüfen lassen und auf eine ausreichende Zufuhr achten.

BROKKOLI-RUCOLA-SUPPE MIT RÄUCHERFORELLE

FÜR 2 PERSONEN

2 Schalotten
1 Knoblauchzehe
300 g Brokkoli
30 g Rucola
2 EL Olivenöl
1 TL getr. Thymian
400 ml glutenfreie Gemüsebrühe
30 g Rauchmandeln (ersatzweise Mandeln)
125 g Räucherforellenfilet (ohne Haut) ✳
Salz | Pfeffer
100 g Sahne
frisch geriebene Muskatnuss

NÄHRWERTE PRO PORTION:
ca. 540 kcal, 23 g EW, 45 g F, 8 g KH, 6 g BST

Zubereitung: 30 Minuten

1. Schalotten und Knoblauch schälen und fein würfeln. Den Brokkoli putzen, waschen und in Röschen teilen, 50 g Brokkoliröschen zum Braten beiseitelegen. Die Stiele schälen und klein würfeln. Den Rucola verlesen, waschen und trocken schleudern, dabei grobe Stiele entfernen.

2. In einem Topf 1 EL Öl erhitzen und Schalotten und Knoblauch darin bei mittlerer Hitze andünsten. Brokkoli und Thymian dazugeben und 2 bis 3 Minuten mitdünsten. Die Brühe dazugießen, alles einmal aufkochen und mit geschlossenem Deckel bei mittlerer Hitze etwa 10 Minuten garen.

3. Inzwischen die Mandeln grob hacken. Die Forelle in grobe Stücke zupfen. Das übrige Öl (1 EL) in einer Pfanne erhitzen und die beiseitegelegten Brokkoliröschen darin bei mittlerer Hitze 4 bis 5 Minuten unter Wenden braten, salzen und pfeffern. Vom Herd nehmen und warm halten.

4. Die Suppe vom Herd nehmen, Sahne und Rucola hinzufügen und alles im Topf mit dem Stabmixer fein pürieren. Die Suppe nochmals mit Salz, Pfeffer und Muskatnuss abschmecken.

5. Zum Servieren die Suppe in Schalen oder tiefen Tellern anrichten und mit Mandeln, Räucherforelle und Brokkoliröschen garnieren.

✳ Auch Fische aus Süßwasser können uns in gewissem Maß mit hochwertigen Fettsäuren versorgen. Das ist im Rahmen einer antientzündlichen Ernährung wünschenswert. Wer neben Hashimoto an einer Gastritis leidet, sollte bei Räucherfisch (und auch Rauchmandeln) eher zurückhaltend sein – sie können die Magenschleimhaut reizen.

ROGGENBRÖTCHEN MIT MAKRELENCREME

FÜR 2 PERSONEN

75 g geräuchertes Makrelenfilet (mit Haut)
60 g Radieschen (mit etwas Grün)
100 g körniger Frischkäse (Halbfettstufe)
1 TL Dijon-Senf
2 TL Zitronensaft
Salz | Pfeffer
2 Roggenbrötchen mit Sauerteig (siehe Seite 81; ersatzweise 2 Scheiben Roggensauerteigbrot à ca. 65 g)

NÄHRWERTE PRO PORTION:

ca. 390 kcal, 21 g EW, 14 g F, 37 g KH, 6 g BST

Zubereitung: 25 Minuten

1. Das Makrelenfilet häuten und in kleine Stücke schneiden. Die Radieschen putzen, waschen und auf der Gemüsereibe in dünne Stifte hobeln. Das Radieschengrün waschen und trocken tupfen, 4 Blätter zum Garnieren beiseitelegen, den Rest fein hacken.

2. Den Frischkäse mit Makrelenfilet, Senf und Zitronensaft in einem hohen Rührbecher mit dem Stabmixer kurz pürieren. Dann Radieschenstifte und gehackte Radieschenblätter untermischen und die Creme mit wenig Salz und Pfeffer abschmecken.

3. Zum Servieren die Roggenbrötchen quer halbieren und auf dem Toaster rösten. Die Makrelen-Radieschen-Creme üppig auf den Brötchenhälften verteilen und mit je 1 beiseitegelegten Radieschenblatt garnieren.

VOLLKORN-CROSTINI MIT TOMATEN-TAPENADE

FÜR 2 PERSONEN

1 kleine Knoblauchzehe
3 Stiele Basilikum
40 g getr. Tomaten (in Öl)
40 g grüne Oliven (ohne Stein)
2 Sardellenfilets (in Lake)
2 TL kleine Kapern (in Lake)
2 EL Olivenöl
Salz | Pfeffer
120 g Vollkornbaguette
80 g bunte Cocktailtomaten

NÄHRWERTE PRO PORTION:

ca. 290 kcal, 8 g EW, 14 g F, 29 g KH, 6 g BST

Zubereitung: 20 Minuten

1. Den Knoblauch schälen. Das Basilikum waschen, trocken tupfen und die Blätter abzupfen, 6 Blätter zum Garnieren beiseitelegen, den Rest fein hacken. Getrocknete Tomaten und Oliven abtropfen lassen, Sardellenfilets abbrausen und trocken tupfen. Alle drei klein schneiden und mit Knoblauch, Basilikum und Kapern im Blitzhacker oder in einem hohen Rührbecher mit dem Stabmixer pürieren. 1 EL Öl hinzufügen und alles nochmals mixen, sodass eine stückige Tapenade entsteht. Salzen und pfeffern.

2. Das Baguette schräg in 6 dünne Scheiben schneiden. Eine große beschichtete Pfanne mit dem übrigen Öl (1 EL) ausstreichen und die Brote darin bei mittlerer bis starker Hitze etwa 5 Minuten unter Wenden knusprig rösten. Inzwischen die Tomaten waschen und vierteln.

3. Zum Servieren die Crostini großzügig mit der Tapenade bestreichen und mit den geviertelten Tomaten belegen. Mit je 1 beiseitegelegten Basilikumblatt garnieren.

SOMMERGEMÜSESALAT MIT HÄHNCHENSTREIFEN

NÄHRWERTE PRO PORTION:
ca. 400 kcal, 30 g EW, 26 g F, 8 g KH, 9 g BST

Zubereitung: 30 Minuten

FÜR 2 PERSONEN

200 g Hähnchenbrustfilet
4 EL Olivenöl | Salz | Pfeffer
20 g Sonnenblumenkerne
30 g grüne Oliven (ohne Stein)
2 TL Kapern (in Lake)
2 EL Weißweinessig
1 EL Zitronensaft
1 Mini-Romanasalat (ca. 150 g)
30 g Rucola
1 rote Spitzpaprikaschote
120 g Artischockenherzen (aus der Dose) ✷

1. Das Hähnchenfilet waschen, trocken tupfen, in Streifen schneiden und in einer Pfanne in 1 EL Öl bei mittlerer Hitze 3 bis 4 Minuten goldbraun braten. Mit Salz und Pfeffer würzen, herausnehmen und abkühlen lassen.

2. Die Sonnenblumenkerne in einer kleinen Pfanne ohne Fett hell anrösten. Herausnehmen und abkühlen lassen. Für das Dressing die Oliven klein würfeln, die Kapern abtropfen lassen und fein hacken. Oliven und Kapern mit Essig, Zitronensaft und übrigem Öl (3 EL) verrühren und das Dressing mit Salz und Pfeffer würzen.

3. Vom Romanasalat die äußeren Blätter entfernen, den Salat in die einzelnen Blätter teilen, waschen, trocken schleudern und in Stücke zupfen. Rucola verlesen, waschen und trocken schleudern, dabei grobe Stiele entfernen. Die Paprikaschote längs halbieren, putzen, waschen und klein würfeln. Die Artischocken abtropfen lassen und vierteln.

4. Zum Servieren Romanasalat, Rucola, Paprika und Artischocken auf Tellern anrichten und die Hähnchenstreifen darauf verteilen. Alles mit dem Dressing beträufeln und mit den Sonnenblumenkernen bestreuen.

✷ Artischocken zählen zu den Pflanzen, die mit einem nennenswerten Gehalt an Bitterstoffen punkten. Die Inhaltsstoffe wirken verdauungs- und durchblutungsfördernd und stärken damit das gesamte Immunsystem. Bitterstoffe sind auch als Tropfen in der Apotheke erhältlich, kommen aber von Natur aus genauso in Rucola, Endivie, Radicchio, Chicorée und einigen Kräutern vor.

RÖSTPAPRIKASCHNITTEN MIT PUTE UND SPINAT

NÄHRWERTE PRO PORTION:
ca. 310 kcal, 21 g EW, 9 g F,
33 g KH, 8 g BST

Zubereitung: 35 Minuten

FÜR 2 PERSONEN

je 1 kleine rote und gelbe Paprikaschote ✷
30 g junger Spinat ✷
1 EL Olivenöl
Salz | Pfeffer
1 TL getr. Thymian
1 EL Aceto balsamico
2 Scheiben Roggenvollkornbrot (à ca. 65 g)
80 g Frischkäse (Halbfettstufe)
80 g Putenbrustaufschnitt (in dünnen Scheiben)

1. Den Backofengrill einschalten. Die Paprikaschoten längs vierteln, putzen und waschen. Dann mit der Hautseite nach oben auf einem Backblech verteilen und unter dem heißen Grill im oberen Drittel 10 bis 12 Minuten garen, bis die Haut dunkel wird und Blasen wirft.

2. Die Paprikaschoten herausnehmen, mit einem feuchten Tuch bedecken und etwa 5 Minuten abkühlen lassen. Die Schoten häuten und quer in etwa ½ cm dünne Streifen schneiden. (Alternativ 125 g Röstpaprikastreifen in Lake aus dem Glas verwenden, gut abtropfen lassen und später nur 1 bis 2 Minuten anbraten.)

3. Inzwischen den Spinat verlesen, waschen und trocken schleudern, dabei grobe Stiele entfernen. Das Öl in einer Pfanne erhitzen und die Paprika darin bei starker Hitze 2 bis 3 Minuten anbraten. Mit Salz, Pfeffer und Thymian würzen und mit Essig ablöschen. Vom Herd nehmen.

4. Zum Servieren die Brotscheiben nach Belieben im Toaster rösten, dann mit dem Frischkäse bestreichen. Mit dem Putenaufschnitt belegen und Paprika und Spinat locker daraufsetzen.

✷ Bunt ist Trumpf! Gelbe und rote Paprika, grüner Spinat – all diese Gemüsesorten strotzen nur so vor antioxidativ wirksamen Carotinoiden. So versorgen wir unseren Stoffwechsel mit einer guten Portion Abwehrhelfern im Kampf gegen freie Radikale, die bei Autoimmunkrankheiten wie Hashimoto das Entzündungsgeschehen befeuern können.

DER PRAKTISCHE WOCHENPLAN FÜR IHRE HASHIMOTO-DIÄT

Abwechslungsreich und gesund: Der Plan soll Ihnen den Einstieg in eine entzündungshemmende und immunstärkende Ernährung erleichtern. Ein Frühstück, eine warme Mahlzeit und ein kleines Gericht mit etwa 1500 Kalorien pro Tag helfen, Ihr Gewicht und Ihre Schilddrüse ins Lot zu bringen.

FRÜHSTÜCK | WARME MAHLZEIT | KLEINES GERICHT

1

FRÜHSTÜCK

Quark-Leinöl-Frühstück mit Beeren (Seite 68), 490 kcal

WARME MAHLZEIT

Gemüse-Paella mit Artischocken (Seite 98), 510 kcal

KLEINES GERICHT

Bunter Salat mit Kichererbsentalern (Seite 130), 400 kcal

2

Champignonrührei mit Paprika-Salsa (Seite 86), 575 kcal

Gedämpftes Gemüse mit Zitrusbuchweizen (Seite 96), 520 kcal

Bunter Quinoasalat mit Graved Lachs (Seite 146), 490 kcal

3

Birchermüsli mit Möhren und Ingwer (Seite 64), 480 kcal

Zucchini-Spaghetti mit Mandel-Tomaten-Pesto (Seite 106), 700 kcal

Röstpaprikaschnitten mit Pute und Spinat (Seite 154), 310 kcal

FRÜHSTÜCK | WARME MAHLZEIT | KLEINES GERICHT

4

Tomaten-Avocado-Salat auf Frischkäse (Seite 82), 560 kcal

Bunte Paprika-Frittata mit Ricotta (Seite 101), 550 kcal

Grüner Salat mit Handkäse und Beeren (Seite 134), 340 kcal

5

Buchweizen-Pancakes mit Beeren (Seite 76), 520 kcal

Lachs mit Rotkohl und Selleriestampf (Seite 111), 620 kcal

Rote-Bete Kaltschale mit Buttermilch (Seite 138), 320 kcal

6

Spiegelei mit Schinken und Radieschenjoghurt (Seite 90), 490 kcal

Minestrone von dreierlei Bohnen (Seite 108), 570 kcal

Fenchel-Feigen-Rohkost mit Feta (Seite 145), 470 kcal

7

Quinoa-Kokos-Bowl mit Papaya (Seite 74), 340 kcal

Rindfleisch-Wok mit Mangold (Seite 124) plus Vollkorn-Basmatireis (50 g), 550 kcal

Quarkbällchen auf grünem Ofengemüse (Seite 142), 570 kcal

GUT ZU WISSEN

WEITERE ERKRANKUNGEN, DIE MIT HASHIMOTO ZUSAMMENHÄNGEN

Ist das Immunsystem einmal irritiert, steigt die Wahrscheinlichkeit, dass auch andere Organe in Mitleidenschaft gezogen werden. Bei Hashimoto sind etwa ein Viertel aller Erkrankten von weiteren Autoimmun- bzw. chronisch entzündlichen Erkrankungen betroffen – manchmal sogar gleich von einem ganzen Bündel.

Hashimoto wird der Gruppe der polyendokrinen Autoimmunerkrankungen zugeordnet. Diese liegen vor, wenn mehrere endokrine und nicht endokrine Organe gleichzeitig betroffen sind, was rätselhafte Beschwerden auslösen kann. Oft geht Hashimoto beispielsweise mit Zöliakie oder Diabetes Typ 1 einher.

▷ Diabetes mellitus Typ 1

Diabetes Typ 1 ist eine nicht seltene Begleiterkrankung bei Hashimoto. Im Gegensatz zum sehr viel häufigeren Diabetes Typ 2 ist hier die Produktion von Insulin aus der Bauchspeicheldrüse gestört oder sogar ganz zum Erliegen gekommen. Durch den Insulinmangel kann der Zucker aus der Nahrung nicht mehr in die Zellen gelangen und der Blutzuckerspiegel steigt. Im Gegensatz zum Typ-2-Diabetes lässt sich dieser Diabetestyp weder mit einer Ernährungsumstellung noch mit mehr Bewegung lindern. Es muss Insulin gespritzt werden.

▷ Zöliakie

Bei dieser Autoimmunerkrankung ist vorwiegend der Dünndarm betroffen: Er reagiert mit einer chronischen Entzündung auf bestimmte Bestandteile von Gluten, ein Eiweiß, das in vielen Getreidearten vorkommt. Unbehandelt führt Zöliakie zu einer irreversiblen Zerstörung der Dünndarmzellen. Hier ist ein strikter Verzicht auf Gluten nötig (siehe Seite 63).

▷ Morbus Crohn

Die Darmerkrankung gilt zwar nicht mehr als Autoimmunkrankheit, wird aber ebenfalls durch eine chronische Entzündung hervorgerufen. Üblicherweise sind Abschnitte des Dünn- und Dickdarms – seltener Mund, Speiseröhre und Magen – betroffen, was zu Symptomen wie krampfartigen Bauchschmerzen, Durchfällen und Erbrechen führt.

▷ Autoimmungastritis oder Gastritis Typ A (Magenschleimhautentzündung)

Ist die Magenschleimhaut entzündet, läuft auch dort die Produktion von Enzymen und anderen Stoffen nicht mehr richtig rund. In der Magenschleimhaut wird unter anderem der sogenannte intrinsische Factor hergestellt, der die Aufnahme von Vitamin B12 im Körper ermöglicht. In der Folge können ein Vitamin-B12-Mangel und eine perniziöse Anämie entstehen. Bei nicht wenigen Patienten mit einer Hashimoto-Thyreoiditis sind spezielle Antikörper (gegen Parietalzellen) nachzuweisen, die auf eine Typ-A-Gastritis hinweisen.

▷ Morbus Addison (Nebennierenschwäche)

Bei dieser chronischen Erkrankung werden die Nebennierenrinden zerstört. Als Folge kann der Körper nicht mehr ausreichend Cortisol und andere wichtige Botenstoffe produzieren. Die Erkrankung ist zwar selten, kann aber schwere Symptome zeigen und ist unbehandelt sogar tödlich. Typisch ist, dass die Haut der Betroffenen ohne Sonneneinstrahlung gebräunt ist, dazu kommen Beschwerden wie Erschöpfung, niedriger Blutdruck und Gewichtsverlust.

▷ Vitiligo (Weißfleckenkrankheit)

Bei dieser Hauterkrankung kommt es zu einem Pigmentverlust an unterschiedlichen Hautstellen. Dabei handelt es sich um eine harmlose Nebenerscheinung – ungefährlich, aber optisch auffällig. Bis auf die sichtbaren weißen Flecken sind keine weiteren Symptome bekannt.

▷ Alopecia areata (kreisrunder Haarausfall)

Sie gilt als Autoimmunerkrankung: Der Haarausfall ist typischerweise kreisrund und scharf begrenzt. Es kann aber auch zum kompletten Verlust von Kopf- und Körperhaaren kommen.

▷ Rheumatische Erkrankungen

Zu den rheumatischen Erkrankungen zählen die rheumatoide Arthritis (kurz: Rheuma), das Sjögren-Syndrom, von dem die Speichel- und Tränendrüsen betroffen sind, sowie der Lupus erythematodes, der zu einer chronischen Entzündung des Bindegewebes (Kollagenose) führt und somit alle Organe betreffen kann.

▷ Autoimmunhepatitis

Bei dieser seltenen Erkrankung werden die Leberzellen vom eigenen Immunsystem angegriffen, was zu einer Entzündung unseres Hauptstoffwechselorgans führt. Weil die Leber nicht mehr (oder nur sehr eingeschränkt) ihre Aufgaben erfüllen kann, kommt es unter anderem zu schweren Vergiftungserscheinungen.

▷ Primär biliäre Cholangitis

Auch diese Autoimmunerkrankung betrifft die Leber. Sie führt zu einer chronischen Entzündung der Gallenwege, in deren Verlauf sich das ganze Organ entzündet, was schließlich zu einer Leberzirrhose führen kann.

▷ Endokrine Orbitopathie

Bei dieser Autoimmunkrankheit der Augenhöhle treten charakteristischerweise die Augäpfel hervor und es kommt zu Schwellungen der Augenlider. Die endokrine Orbitopathie tritt vorwiegend bei der Basedow-Krankheit auf, betrifft aber auch etwa fünf Prozent der Hashimoto-Patienten.

▷ Sklerodermie

Bei dieser seltenen Erkrankung verdicken und verhärten sich die Haut und das Bindegewebe (Kollagenose). Da Letzteres im gesamten Organismus vorhanden ist, können alle Teile des Körpers betroffen sein, auch die inneren Organe.

▷ Myasthenia gravis

Es handelt sich um eine Muskelschwäche, die durch Antikörper hervorgerufen wird. Weil die Reizübertragung zwischen Nerven und Muskeln gestört ist, ermüdet die Muskulatur schneller.

▷ Polyzystisches Ovarialsyndrom (PCO)

Hierbei kommt es bei Frauen im gebährfähigen Alter zu einer Erhöhung männlicher Hormone. Symptome sind häufig Akne, Zyklusstörungen, ein männlicher Behaarungstyp, Übergewicht und gestörte Blutfett- und Blutzuckerspiegel.

SACHREGISTER

REZEPTREGISTER

G/H

K

L/M

N/O

P/Q

LITERATUR

STUDIEN ZU HASHIMOTO-THYREOIDITIS

Hashimoto und Ernährung:

Abbott R. D., Sadowski A., Alt A. G.: Efficacy of the Autoimmune Protocol Diet as Part of a Multidisciplinary Supported Lifestyle Intervention for Hashimoto's Thyroiditis. Cureus 2019

Knezevic, J.: Hashimoto Thyreoiditis und Ernährung, Diplomarbeit Medizinische Universität Graz 2020

Osowiecka K, Myszkowska-Ryciak J: The influence of Nutritional intervention in the treatment of Hashimoto's thyreoiditis – A systematic review. Nutrients 2023

Effekt glutenfreier Ernährung:

Krysiak, R. et al.: The Effect of Gluten-Free Diet on Thyroid Autoimmunity in Drug-Naïve Women with Hashimoto's Thyroiditis: A Pilot Study Exp Clin Endocrinol Diabetes 2019, 127(07): 417–422

Lebensmittelspezifische Antikörper:

Kaličanin, D. et al.: Evaluation of Correlations Between Food-Specific Antibodies and Clinical Aspects of Hashimoto's Thyroiditis, J Am Coll Nutr 2019, Mar–Apr, 38(3); 259–266

BÜCHER, DIE WEITERHELFEN

Axt-Gadermann, M.: Power für die Schilddrüse, Südwest 2019

Feldkamp, J.: Gut leben mit Hashimoto: Das ganzheitliche Selbsthilfeprogramm, Trias 2017

Klasen, J., Riedl, M. u.a.: Die Ernährungs-Docs: Wie Sie mit der richtigen Ernährung Krankheiten vorbeugen und heilen, ZS 2018

Girke, M.: Innere Medizin, Salumed 2012

Harrisons Innere Medizin, ABW-Wissenschaftsverlag 2020

Kharrazian, D.: Schilddrüsenunterfunktion und Hashimoto anders behandeln, VAK 2011

Koch, S.: Schlank und voller Energie bei Hashimoto, Trias 2022

Schänzler, N., Breitenberger, M.: Hashimoto ganzheitlich behandeln, GU 2018

Zichner, D.: Meine Hashimoto-Ernährung: Der Neustart fürs Immunsystem, Trias 2019

HILFREICHE ADRESSEN

Bundesverband Deutscher Ernährungsmediziner e.V.
www.bdem.de

BerufsVerband Oecotrophologie e.V.
www.vdoe.de/beruf/vdoe-expertensuche

Deutsches Schilddrüsenzentrum
www.deutsches-schilddrüsenzentrum.de

Forum Schilddrüse
www.forum-schilddruese.de

Hashimoto-Forum
www.hashimoto-forum.de

SchilddrüsenLiga Deutschland e.V.
www.schilddrüsenliga.de

Spezielle Kurkliniken
https://www.kurklinikverzeichnis.de/ratgeber/selbsthilfe-bei-hashimoto

Hinweis

Die Ratschläge in diesem Buch wurden mit größter Sorgfalt von Autor und Verlag erarbeitet und geprüft. Eine Garantie kann jedoch nicht übernommen werden. Ebenso ist eine Haftung des Autors bzw. des Verlags und seiner Beauftragten für Personen-, Sach- oder Vermögensschäden ausgeschlossen. Erkrankungen mit ernstem Hintergrund gehören in ärztliche Behandlung! Bei bereits bestehenden Beschwerden kann das Buch daher keinen fachärztlichen Rat ersetzen.

DR. MED. JÖRN KLASEN

ist Facharzt für innere Medizin mit Schwerpunkt auf Magen-, Darm- und Lebererkrankungen, Ernährungsmediziner sowie Arzt für anthroposophische Medizin und Naturheilverfahren. Über 15 Jahre war er Chefarzt und zehn Jahre stellvertretender ärztlicher Direktor am Asklepios Westklinikum Hamburg. Seit 2015 ist er am Medizinicum Hamburg in eigener Praxis tätig. Jörn Klasen ist ein ausgewiesener Experte für Integrative Medizin, er verbindet die Schulmedizin mit Naturheilkunde, anthroposophischer und tibetanischer Medizin. Einem breiten TV-Publikum ist er als NDR-Ernährungs-Doc bekannt. Er ist Bestsellerautor und hat zahlreiche Bücher zu ernährungsmedizinischen Themen veröffentlicht. Jörn Klasen lebt mit seiner Frau bei Bremen auf dem Land.

ZUM AUTOR

Ein Leben lang Medikamente nehmen? Häufig wird das als einzige Möglichkeit genannt, um Hashimoto in den Griff zu bekommen. Damit gibt sich Ernährungs-Doc **Dr. med. Jörn Klasen** nicht zufrieden. Auch wenn sich die Autoimmunerkrankung nicht heilen lässt, kann man die Lebensqualität der Betroffenen enorm verbessern. Jörn Klasen richtet dabei seinen Blick nicht nur auf die Schilddrüse; er bezieht auch das Immun- und Hormonsystem und andere Organe mit ein. Im Mittelpunkt seiner ganzheitlichen Behandlung steht die Ernährung. Zusätzlich geht es dem Arzt für innere und anthroposophische Medizin aber auch um Hilfe aus der Naturkunde und darum, das seelische Gleichgewicht zu stärken

Weitere Bücher des Autors:

- Runter mit dem Bluthochdruck
- Gemeinsam gegen Rheuma (mit Dr. Keihan Ahmadi-Simab)
- Tschüss, Fettleber
- Gesunde Ernährung heute und morgen (mit Dr. Fionna Zöllner)
- Die Bücher der Ernährungs-Docs

IMPRESSUM

Hinter jedem tollen Buch steckt ein starkes Team

Projektleitung: *Kathrin Ullerich*
Redaktionelle Mitarbeit und Texte: *Bettina Snowdon*
Rezepte: *Martina Kittler*
Lektorat: *Kathrin Gritschneder*
Covergestaltung: *Ina Zimmermann*
Grafische Gestaltung und Satz: *Ina Zimmermann, Georg Feigl*
Foodfotografie: *Mathias Neubauer*
Foodstyling: *Manuel Weyer*
Illustrationen: *Pauline Karlson*
Herstellung: *Frank Jansen*
Producing: *Jan Russok*
Druck & Bindung: *optimal media GmbH, Röbel*

2. Auflage 2024

Kaiserstraße 14 b
D-80801 München
ISBN: 978-3-96584-382-0

BILDNACHWEIS

Shutterstock: S. 34, 36, 38, 39, 43, 44, 47, 48, 50, 52, 53;
Claudia Timmann: S. 4, 31, 37

LIEBE LESERINNEN, LIEBE LESER,

wie schön, dass Sie ein Buch von ZS in den Händen halten. „Jetzt leben!" ist das Motto unseres Verlages. Es steht für Genuss und Inspiration, Unterstützung und Motivation. Ob Kulinarik oder Fitness, Gesundheit oder Lebenshilfe – seit über 30 Jahren bieten wir kompetente Ratgeber für (fast) alle Lebenslagen. Wir lieben Tradition genauso wie Innovation – sie treiben uns an. Unsere Autorinnen und Autoren sind Menschen, die zu ihrem Thema wirklich etwas zu sagen und zu schreiben haben. Unsere Produkte sind erzählerisch, appetitmachend und als gedruckte Bücher haptisch echte Erlebnisse. Für Sie mit ganz viel Liebe gemacht! Entdecken Sie mehr aus unserer wunderbaren Welt!

UNSER VERLAGSHAUS

Mit Standorten in Hamburg und München zählt die Edel Verlagsgruppe zu den größten unabhängigen Buchanbietern Deutschlands. Zur Gruppe gehören die Verlage Dr. Oetker Verlag, Edel Sports, KARIBU und ZS.

ZS - Ein Verlag der Edel Verlagsgruppe
www.zsverlag.de
www.facebook.com/zsverlag
www.instagram.com/zsverlag

FÜR DIE UMWELT

ZS unterstützt bei der Produktion dieses Buches das Projekt „Junge Riesen für die nächsten 100 Jahre" im Naturpark Nossentiner/Schwinzer Heide. Damit wird ein Anteil der unvermeidbaren CO_2-Emissionen im direkten Umfeld des Produktionsstandortes kompensiert.

PARTNER
Naturpark Nossentiner / Schwinzer Heide
www.optimal-media.com/naturschutzprojekt-001

NEWSLETTER

Was koche ich heute Feines? Und wie geht das – schmackhaft und gesund?

Melden Sie sich jetzt zum ZS-Genuss-Service an und verpassen Sie keine kulinarischen und gesundheitlichen Trends mehr.
Wir informieren Sie regelmäßig über unsere Neuerscheinungen, Aktionen oder Gewinnspiele und verraten Ihnen unsere Lieblingsrezepte!

GEWINNEN

Unter allen Neuabonnierenden verlosen wir jeden Monat eine *ZS-Genuss-Box* im Wert von 75,00 €.

Jetzt anmelden unter:
www.zsverlag.de/newsletter
oder den QR Code scannen:

ANMELDEN!

Ein Abschied (hoffentlich) für immer

Jörn Klasen
Tschüss Fettleber

ISBN 978-3-96584-213-7

Ja, eine Fettleber ist heilbar!